Noch'n Bier?

ROBERT VON LUCIUS (Text)
HENNING KREITEL (Fotografie)

Noch'n Bier?

Alte Berliner Kneipen
in Charlottenburg, Wilmersdorf, Schöneberg,
Friedenau, Kreuzberg und Neukölln

mitteldeutscher verlag

**Cenosillicaphobie:
Die Angst vor
leeren Biergläsern.
Wir helfen.**

Spruch in einer
Berliner Kneipe

Inhalt

8 **Tavernenphilosophen und Genießer** (Robert von Lucius)

CHARLOTTENBURG UND WILMERSDORF
16 **Wilhelm Hoeck 1892** Wolkenatlas und Teebeutel
26 **Wendel** Zeitreise mit Gröstel
34 **Wirtshaus Wuppke** Kirchenbänke und Jerry Cotton

SCHÖNEBERG UND FRIEDENAU
44 **Möve im Felsenkeller** Ohne Felsenkeller, aber mit v
52 **Die kleine Philharmonie** Rote Rosen
60 **Narkosestübchen** Erweitertes Wohnzimmer
68 **Leuchtturm** Schlüsselanhänger als Wanderpokal
76 **Straßenbahn** Mahnung gegen Cenosillicaphobie

KREUZBERG UND NEUKÖLLN
86 **Stadtklause** Zentral und versteckt
96 **Zum Frosch** Hier ist alles
104 **Yorckschlösschen** Guardian of the Groove
112 **Bei Schlawinchen** Überdreht im Wildwuchs
120 **Madonna** Engel und Herr Lehmann
128 **Zum Goldenen Hahn** Fast ein Weltkulturerbe
136 **Stammtisch** Auf der Walz
144 **Heidelberger Krug** Ohne Automatengeklimpere

152 **Der Blick des Fotografen** (Henning Kreitel)

TAVERNENPHILOSOPHEN UND GENIESSER

Wer in alte Berliner Kneipen geht, macht dies selten, weil er einsam ist – er sucht in vertrauter Umgebung Entspannung und bisweilen Spannendes. Überraschend ist, wie viele Stammgäste regelmäßig, bisweilen fast täglich seit Jahrzehnten für ein, zwei Stunden in die gleiche Kneipe gehen – nicht um sich zu betrinken, sondern um sich außerhalb der engen Familie oder des Arbeitsplatzes zu entspannen, Rat zu suchen oder zu geben. Es ist eine andere Form der Unterhaltung, als sich vom isolationsfördernden Fernsehschirm berieseln zu lassen, und ermöglicht einen echten Austausch. Wirtshäuser sind zumal für Stammgäste ein neutraler Übergang vom privaten zum öffentlichen Raum, zwischen Innen- und Außenwelt; für manche eine Enklave der Freiheit, um vor dem Bedrängenden einer Großstadt zu entfliehen; Freiraum, Wohnzimmer und Bühne gleichzeitig. Dieser halböffentliche Raum suggeriert bei allem Gewusel Großverwandtschaft und Nachbarschaft und ist dennoch auch Raum für Geschichten und Merkwürdiges.

Gepflegte Gespräche und gediegen-bürgerliches Ambiente in Charlottenburg und Wilmersdorf; eine Melange von Bürgerlichem und Freiem, eine Portion von Vielfältigem in Schöneberg und Friedenau, und eine Mischung von grünrot-alternativem und gefestigtem Denken und Verhalten, gepaart mit einem Schuss „wild und unangepasst" in Kreuzberg und Neukölln. Die alten, die besonderen Kneipen in jenen Ecken Berlins spiegeln ihre engere Umgebung wie auch deren Bild wider. Wer Berlins Eigenheiten und fließende Grenzen von Hergebrachtem und neuen Welten kennenlernen, seine Stadt verstehen will, ist gut beraten, Abende in einigen dieser Tavernen zu verbringen und das Gespräch zu suchen. Dabei verbinden sich unerwartete Begegnungen und Themen mit Einsichten in Lebensabläufe und -entwürfe.

Der Salzburger Philosoph Leopold Kohr hätte manche dieser Berliner Kneipen geschätzt, auch wenn er große Städte scheute und auf der Suche nach dem menschlichem Maß war. Dort hätte der Träger des Alternativen Nobelpreises in seiner Tavernenphilosophie die „gleichmachende Ebene des Wirtshaustisches" gefunden, die von ihm gesuchte Denkstätte fernab von elitärem Habitus, in der der Wirt den Menschen dient und Gäste als Nutznießer im Aufsichtsrat sitzen, und wo eigene Argumente sich der Überprüfung stellen. Seine Staatsphilosophie nannte der Vorreiter der Umweltbewegung und des Denkens im Überschaubaren eine „Geselligkeitstheorie".

Das allzu beliebte Wehklagen über Niedergang allerorten erstreckt sich auch auf die traditionelle Eckkneipe, auch wenn nicht jede „Eckkneipe" an einer Ecke stehen muss. Wer sich allein an Zahlen orientiert, sieht sich bestätigt. Jedes vierte Wirtshaus in Deutschland schloss im letzten Jahrzehnt, vor allem in Flächenstaaten und in ländlichen Gebieten. Eine Ausnahme ragt heraus: In Berlin hat sich deren Zahl im ersten Jahrzehnt des neuen Jahrtausends – neuere gesicherte Zahlen vermögen Statistiker noch nicht zu geben – nahezu verdoppelt. Dabei gibt es Verschiebungen: Die Berliner Eckkneipe, Erbe einer proletarischen Großstadt, schwindet vor allem in Außenbezirken von Tempelhof bis Spandau. Sie werden ersetzt durch Cocktailbars und Szenetreffs, oft in Straßenzügen gebündelt. Das Nichtrauchergesetz, geändertes und gemäßigteres Trinkverhalten, höhere Mietpreise, der Zuzug von

Neuberlinern, der Touristenstrom auch aus dem Ausland im Dauerpartymodus tragen dazu bei. Der Berliner Hotel- und Gaststättenverband sagt, es gebe mehr Gewerbeabmeldungen als Anmeldungen für Schankwirtschaften – aber Wirte seien dabei, neue Geschäftsfelder zu erobern.

Wirte in Traditionskneipen berichten, was auch zu spüren und sehen ist: Viele Jüngere, nicht nur Studenten, entdecken für sich ruhigere Orte mit der Anmutung des Althergebrachten. Stammgäste brechen durch Alter, Tod oder Verdrängung nach einer Gentrifizierung eines Viertels weg. Sie werden aber ersetzt durch junge Berufstätige. Bisweilen öffnen alte Schänken, die früher Gäste schon zum Frühschoppen empfingen, nun erst am späten Nachmittag, bleiben indes offen bis weit nach Mitternacht und fahren damit gut. Manche alten Wirte sagen sogar, die jungen Gäste seien ihnen nicht nur durch größere Trinkfreude und Kaufkraft lieber, sondern auch, weil sie belebender sind und pflegeleichter, weniger fordernd. Manche dieser Jungen stehen hinter dem Werbespruch einer Berliner Brauerei „After-Work-Party heißt bei uns Feierabendbier – lang lebe die Kiezkneipe."

Vor gut hundert Jahren wurde das Stadtbild Berlins von seinen Kneipen geprägt. Damals kam statistisch in der „größten Mietskasernenstadt der Erde" auf jedes zweite Grundstück eine Kneipe, Stehbierhalle, Bude, Destille, bisweilen mehrere in einem Haus. Und statistisch gab es für jeweils 157 Berliner eine Schänke. Bier zählte zum festen Inventar des ausgehenden Kaiserreiches. Ein späterer Reichskanzler und Friedensnobelpreisträger – Gustav Stresemann – schrieb eine Dissertation zur Entwicklung des Berliner

TAVERNENPHILOSOPHEN UND GENIESSER

Flaschenbiergeschäfts, er war immerhin Sohn eines Berliner Biergroßhändlers. Berlin wurde um 1900 zur größten Braustadt des Kontinents, ab 1920 mit Schultheiss/Patzenhofer der größten Brauerei der Welt. Vorbei sind diese Zeiten.

Berlin wurde in den letzten Jahren aber wieder zur deutschen Bierhauptstadt, und das nicht nur dank der Touristen, für die Berlin, so ein internationaler Reiseführer, für Feiern stehe und für Trinken als religiöse Übung. Eine der Tendenzen ist dabei die Neugründung von Biermanufakturen und Bierakademien, von Sudhäusern im Keller, die handgebrautes Craft-Beer im Erdgeschoss darüber anbieten. Nicht ohne Grund stand 2016 die Bezeichnung

„Hopfensmoothie" als Synonym für Bier zur Abstimmung als Jugendwort des Jahres. Zumindest ist es weniger melancholisch als der Satz eines Bloggers zu Berliner Kneipen: „Und wer nicht Wirt wird, bleibt ewig Gast auf der dunklen Erde."

Einige Monate lang waren der Fotograf und der Journalist zwei, drei Abende in der Woche (oder auch mehr) gezielt unterwegs in Kneipen. Beide fühlen sich als Berliner und schätzen auch außerhalb dieser „Arbeit" das neugierige oft abendliche Umherschweifen. Zudem verbindet sie, dass beide thüringische Familienwurzeln haben – schließlich stammt nach neueren Forschungen das älteste Reinheitsgebot für Bier nicht aus Bayern oder Niedersachsen, sondern 1433 aus Weimar und aus Weißensee nördlich Erfurts, den Heimatkreisen der Familien der Verfasser.

Das Konzept führt den im gleichen Verlag erschienenen Band „Uff'n Bier" fort, zu dem Hanne Walter den Text und wie in diesem Buch Henning Kreitel die Fotos beitrugen. Sie konzentrierten sich im Vorband auf Traditionskneipen nördlich der Spree, also eher im einstigen Osten Berlins. Hier nun geht

TAVERNENPHILOSOPHEN UND GENIESSER

es um das alte West-Berlin südlich der Spree. Die vorgestellten Kneipen sind eine Auswahl und ohne Anspruch auf Vollständigkeit. Beschrieben werden nur Kneipen, die einige Jahrzehnte, bisweilen auch mehr als ein Jahrhundert alt sind, die Fassbier an der Theke bieten und über die es Geschichte und Geschichten zu erzählen und außergewöhnliche Bilder zu sehen gibt. Dabei fielen manche heraus, die in dieses Raster passen, die sich aber mittlerweile, auch durch höhere Preise, eher an das touristische Publikum wenden oder die übersaniert wirken, denen bisweilen das Urige fehlt. Wie schnell sich manches wandelt, zeigte sich am „Wilhelm Hoeck" in Charlottenburg. Nach Abschluss des Buches sah es so aus, als werde es überraschend schließen – dann aber machte sie unter einem anderen Pächter weiter. Schwer fiel die Auswahl bei Gastwirtschaften an der fließenden Grenze zwischen Restaurant und Kneipe – etwa bei so ehrwürdigen Stätten wie der „Henne" in Kreuzberg, dem „Diener Tattersall" am Savignyplatz, dem „Alten Krug Dahlem" oder der „Schöneberger Weltlaterne". Da fielen auch mal so ungewöhnliche Beobachtungen ins Gewicht, dass eine traditionsreiche Schänke ihre Speisekarte nicht mit den Speisen beginnt, sondern mit dem Fassbier – sie wurde aufgenommen.

Robert von Lucius

CHARLOTTENBURG UND WILMERSDORF

WILHELM HOECK 1892

Wolkenatlas
und Teebeutel

Jede Traditionskneipe, die auf sich hält, hat oder schafft ihre eigenen Mythen. Sie mögen wahr sein oder auch nicht. Bei „Wilhelm Hoeck 1892" sind es gleich zwei. An der Schankanlage sind Granaten-Einschusslöcher zu sehen – sie stammten, wird berichtet, von russischen Soldaten im Straßenkampf 1945. Die andere: An der rauchgeschwängerten braunen Decke klebt seit vielen Jahren etwas Undefinierbares. Das sei ein Teebeutel, wird erzählt, den Rudi Dutschke erzürnt oder übermütig an die Decke geworfen habe. Eigentlich braucht Wilhelm Hoeck keine solche Werbung. Es gibt wohl nur wenige Kneipen in Berlin oder anderswo, deren äußeres Bild so ehrwürdig und authentisch wirkt – einer der Gründe, warum sie in zahlreichen Filmen und Fernsehserien von „Der letzte Zeuge" bis zu „Liebling Kreuzberg" regelmäßig zu sehen ist. Selbst „Der Wolkenatlas" (Cloud Atlas), der teuerste deutsche Film je, wurde dort von Tom Tykwer (er hat seinen Namen eingeritzt auf eines der Schnapsfässer in der Stube) mit Tom Hanks gedreht. Dafür wurde Wilhelm Hoeck aber zu einer schottischen Destille umgebaut und die soliden Kneipentische wurden durch zerbrechliches Balsamholz ersetzt, weil bei einer Schlägerei Möbel dran glauben mussten. In einem französischen Film wurde sie zu einer Marseiller Hafenkneipe umgestaltet. Das sind indes Ausnahmen – eine frühere Eigentümerin hatte verfügt, dass nichts verändert werden dürfe, und dafür sorgt auch der Denkmalschutz. Rasch änderte sich zuletzt indes der Gastgeber: Der Eigentümer des Hauses kündigte der Pächterin und so kam es Anfang 2017 vorübergehend zu einer Schließung.
Die Beständigkeit des ältesten Lokals Charlottenburgs – das Gründungsdatum im vorletzten Jahrhundert wird im Namen wiedergegeben – zeigt sich

WILHELM HOECK 1892

aber in den Stammgästen. Stephan weiß noch genau, dass er kurz nach seiner Rückkehr aus den Vereinigten Staaten erstmals am 28. April 1971 im Hoeck saß, und seitdem mehrfach wöchentlich. Mit ihm sitzen Marianne, die seit

WILHELM HOECK 1892

WILHELM HOECK 1892

53 Jahren Stammgast ist, und Lothar, den seine Eltern vor 60 Jahren hier eingeführt hatten.

Hinter einer Trennwand – sie wurde einst gebaut, damit die Honoratioren im hinteren Teil, Ärzte oder Anwälte, nicht auf Handwerker und Angestellte schauen mussten – sitzt die Dienstagsgruppe, eine Freundesgruppe von Architekten, die sich seit 30 Jahren immer am gleichen Tisch trifft. Dies sei ein Ort, der im Dornröschenschlaf überlebt hat, weil er außerhalb der Gehweite von Berliner Besuchsmagneten sei und somit von ausländischen Reiseführern nicht erwähnt wird. Die Architekten haben in jenen Jahrzehnten nur wenige äußere Änderungen vermerkt – etwa der Bodenbelag oder die (wie alles) altertümelnden Ventilatoren, die nach einem besonders heißen Sommer eingebaut wurden. Positiv geändert hat sich auch, was im Wilhelm Hoeck nach ihrem Eindruck zum Denkmalschutz zählte – ein (einstmals) schleppender Service. Jetzt kommt das Bier vom Fass oder das Schnitzel rasch – im weniger dekorativen Nachbarraum gibt es eine aufwendige Speisekarte, im historischen Raum nur einige bodenständige Gerichte. Dafür aber den Blick auf die vertäfelten dunklen Holzwände und eine von Krupp hergestellte kupferne Registrierkasse, einen Zinnfries an der Wand, Regale mit dem Kräuterlikör Mampe oder mit „Batavia-Arrak-Verschnitt, Marke Hoeck", die nur als Dekoration dienen. Ausgetauscht wurde die alte gedrechselte Holztheke, die Heinrich Zille noch 1916 gezeichnet hatte samt Zapfanlage und Schnapsfässern.

Im Mittelpunkt der Fotowand mit vielen in den Sechzigern und Siebzigern prominenten Schlager- oder Filmstars hängt natürlich der Gründer Wilhelm Hoeck. Er hatte von einer Nische nahebei mit Stehpult Überblick über die Gäste und die Bezahlung. Dort stand bis vor vier Jahren eine Musikbox – seitdem sei sie „in Reparatur". Neben dem Gründerbild hängt die Urkunde zur Olympischen Goldmedaille, die Horst Hoeck 1932 in Los Angeles im Rudern gewann – direkt danach übernahm er die Gastwirtsaufgabe vom

Vater. Über die Geschichte dieser Destille berichtet ein Buch, das angemessen „Molle und Medaille" heißt, mit dem Untertitel „Eine Alt-Berliner Kneipe zwischen Zille und Olympia". Dabei lag sie in den ersten knapp 30 Jahren ihres Bestehens gar nicht in, sondern vor den Toren Berlins – eingemeindet wurde Charlottenburg erst 1920. Immerhin liegt sie an der Wilmersdorfer Straße – der Hauptstraße des bevölkerungsreichsten Bezirks und der ersten Fußgängerzone West-Berlins.

Dem Buch verdanken die Gäste mehr Erinnerungen an die frühe Zeit als die meisten anderen Berliner Traditionslokale besitzen. Der Jungunternehmer Wilhelm Hoeck eröffnete im Haus 1892 – das Gründungsjahr auch von Hertha BSC – zunächst eine Weinhandlung mit Degustation, also einer Probierstube. Mit dem Kauf des Hauses 1911 baute er es sofort mit dem Einbau einer Schanktheke zu einem „Vollwertigen Lokal" um. Für seine Likörfabrikation unterkellerte Hoeck Gebäude und Höfe. Nach dem Tod des Gründerenkels 1972 verpachtete dessen Witwe die Destille; 2005 – nach 113 Jahren – konnte

WILHELM HOECK 1892

die Familie sie nicht halten. Käufer und Pächter wahren aber die Tradition. So kommen weiterhin Stammgäste zuhauf – auch Sänger aus der nahegelegenen Deutschen Oper, die indes nur selten dort Arien schmettern – wie neue Gäste, etwa aus einem nahegelegenen Jugendhotel, die Altberliner Flair erspüren wollen.

WILHELM HOECK 1892
Wilmersdorfer Straße 149 • 10585 Berlin • Tel. 030 3418174 • www.wilhelm-hoeck.de

Anfahrt U-Bahnhof Bismarckstraße (U2, U7) • Bus N2, N7 Bismarckstraße

Ausschank täglich außer So. 11–1 Uhr

Vom Fass vier Sorten • darunter Berliner Kindl • Märkischer Landmann (dunkel)

Und sonst Die Traditionskneipe schlechthin

Zeitreise
mit Gröstel

Als Kaiser Wilhelm II. 1919 ins niederländische Exil zog, suchte sein Leibkoch Max Wendel eine neue Betätigung. Er übernahm das „Restaurant zur Untergrundbahn" am Wilhelmplatz und bot gutbürgerliche Küche an. Damals war Charlottenburg noch selbstständig und die wohlhabendste Stadt Preußens. Bald kamen neue Gäste, Angestellte des nahegelegenen Charlottenburger Rathauses statt wie bisher Müllkutscher und Pferdehändler, deren rauen Ton Wendel nicht schätzte. Die Familie Wendel stellte noch bis 1980 den Wirt – weiterhin leben drei Generationen Wendel im Haus.

Früher mussten sie in ihre Wohnungen durch die Gaststätte. Der Zugang zu Treppe und den Obergeschossen führte durch einen Flur, der früher zur Gaststätte zählte, mit Wandgemälden eines Kellergewölbes rechts und links, gleichsam als Diptychon, sowie verbleiten Fenstern. Der Kunstmaler war Gast und Freund von Wendel senior. Er malte auch das erste Obergeschoss aus, das damals zu den Governmenträumen zählte. Wie im nun eigentlich nicht zugänglichen Hausflur sieht es auch im Wendel aus: liebevoll gestaltete Bleiglasfenster mit Bierwerbung und historische Gemälde des Charlottenburger Dorfkerns allenthalben, Fotos ehemaliger Gäste von Richard von Weizsäcker über Curd Jürgens bis zu Operntenören. Und eine Sitzecke gleich links vom Eingang. Meist ist sie frei, auch wenn andere Tische voll besetzt sind und nicht selten Gäste abgewiesen werden müssen. Dort dürfen nur dem Wendel oder dem Wirt verbundene Freunde sitzen – oder „für den Notfall". In einer anderen Nische, stets am selben Platz, sitzen auch mal einstige Berufskollegen, die sich dort seit 30 Jahren nur einmal im Jahr, am letzten Freitag des November, treffen.

WENDEL

Sie kommen ebenso wie der monatliche Stammtisch einer Göttinger Studentenverbindung oder Gäste nach der nahen Oper, weil sie das unverfälschte Äußere ebenso anzieht wie die Berliner Küche.

In den Adventswochen ist es besonders gedrängt – der Gänsebraten reizt nicht nur die Besucher des nahen Weihnachtsmarktes. Im Sommer wird das entzerrt durch Tische auf der Straße vor dem Wendel. Bratkartoffeln mit Blutwurst, Sauerkraut und Gürkchen (Gröstel oder auch Tiroler Gröst-l) oder mit Schnitzel sind beliebt, Eisbein, vor allem aber die Buletten, die erst ab zehn Uhr abends frisch aus der Pfanne kommen. Andere schätzen, dass

WENDEL

das Publikum – gemischt durch alle Schichten, aber eher akademisch – genauso gelassen und vielfältig ist wie die Stimmung im „Wendel". Zudem die Ruhe, die das Gespräch fördert – weder Musik noch Raucher lenken ab.

Alles sei hier echt, sagen Gäste – selbst gekocht wird mit offenem Visier. Dem Wirt und Koch Rüdiger Weidemann kann man in die Küche schauen, was viele Gäste erfreut, sie fühlen sich so behüteter. Weidemann setzt für seine solide Hausmannskost Fleisch und Gemüse aus der Region ein oder auch aus der eigenen Hausschlachterei. Die Küche ist in den Vorderraum des Wendel integriert, in dem neben der Theke noch die Stammtischnische ist und ein Tisch, um den sich in guten Zeiten Gäste in sechs Reihen scharten; nur Stammgäste durften in die erste Reihe.

Ein weiterer winziger Stehtisch für Stammgäste, manche kommen alle zwei, drei Tage, steht zwischen der Theke mit den zwölf Zapfhähnen und den historischen Bierdruckmessern.

Urig, authentisch, altberlinerisch, rustikal, ohne Schickimicki – immer wieder begründen Gäste mit den gleichen Begriffen, warum sie gerne und immer wieder herkommen. Eine touristikferne Zeitreise in die Sechziger Jahre. Seit Jahrzehnten wurde nur behutsam verändert – die zerschlissenen Polster etwa wurden irgendwann mal ausgetauscht. Die schlichten hellen Holztische ohne Decke blieben ebenso wie die dunkle Holztäfelung. Die 80 Jahre alte Uhr wurde schon ein Dutzend Mal vergeblich repariert – sie funktioniert weiterhin nicht. Ein Foto der Innenansicht von 1920 zeigt, dass sich wenig verändert hat – die Tische waren kleiner, manches stilisierter; und männliche Gäste trugen Hüte.

Zur fast schon legendären Anziehung des Wendel trägt neben der Küche, der Einrichtung und der Atmosphäre die Schlagfertigkeit der den Gästen zugewandten Bedienung bei, handfest und herzhaft wie die Speisen. Freche Sprüche gepaart mit Willkommenskultur, selbst bei Gästen, die kurz vor der Schlusszeit auftauchen. Wer großes Glück hat, erlebt auch mal, dass Chorsänger der Deutschen Oper der Bedienung ein A-cappella-Ständchen bringen. Den Gründervater Wendel hätte das gefreut – er warb anfangs mit dem Satz „Ecklokal mit Abitur", um den angestrebten Kundenstamm zu umschreiben. Sein Sohn erkannte dann, dass Flüsterwerbung erfolgreicher sei als Litfaßsäulen.

Der Kellner Micha(el) weiß, wen er mit Berliner Schnauze erfreuen kann – Touristen ebenso wie Altberliner. Nur die Mitarbeiter des Rathauses grantlen da schon mal. Dabei hatte der frühere Wirt Klaus Wendel in seinen vergriffenen Erinnerungen „Gastwirt müßte man sein" zum mächtigen Rathaus schräg gegenüber geschrieben „und barg, wie sich bald herausstellen sollte,

WENDEL

ein schier unerschöpfliches Potenzial an Freunden des Alkohols". Natürlich ist das Bierangebot bemerkenswert: zwölf Biere vom Fass. Einmalig sei das für Berlin, beansprucht das Ecklokal.

Hier wird der Wirt zum Ingenieur: Da sie von Fässern im Kühlraum des Kellers über historische Bierdruck-Messer, sichtbar in einem beleuchteten Glaskästchen, mit individuellem Druck in die Zapfhähne geleitet werden, dauert das Zapfen deutlich länger als beim schnellen Durchgang in Standardkneipen, um die sieben Minuten. So aber habe, meint Micha, „die Krone ein anderes Standing".

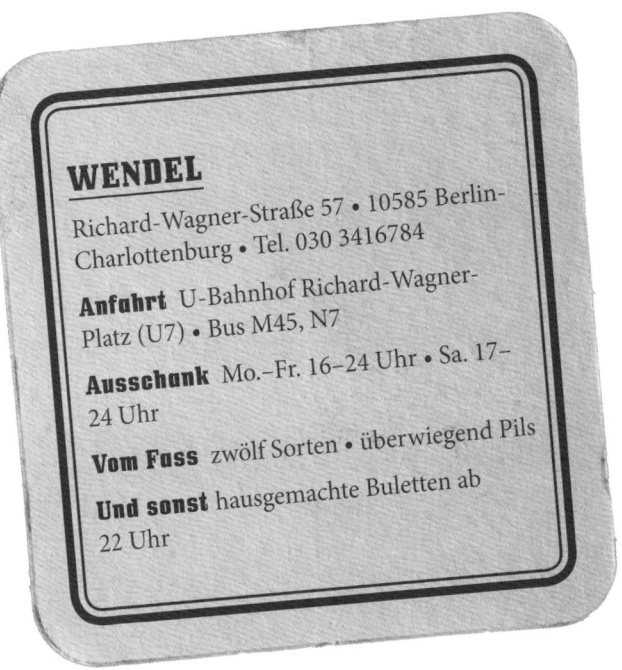

WIRTSHAUS WUPPKE

Kirchenbänke und Jerry Cotton

In den Dreißigern sollen an der Theke so manche SA-Leute gesessen haben, in den Sechzigern dann Holger Meins und andere aus dem Dunstkreis der Rote Armee Fraktion und der Kommune Eins. Der Wortschöpfer mit dem größten Wirkungskreis, der sich gerne im „Wuppke" sehen ließ, dürfte indes nicht Rio Reiser gewesen sein, der Sänger der Agit-Rock-Gruppe „Ton Steine Scherben", mit seinen Anarcho-Liedern „Macht kaputt, was euch kaputt macht" oder „Keine Macht für Niemand", sondern Heinz Werner Höber. Er schrieb im Hinterraum des Wirtshauses viele Bände des mit einer Gesamtauflage von 850 Millionen „Weltbestsellers" Jerry Cotton. Aus den Heftromanen um den FBI-Agenten, oft als Trivialliteratur verschmäht, gingen in den Sechzigern Kinofilme heraus, die derzeit neu verfilmt werden, Hörbücher und eine Taschenbuchserie, deren ersten Band Höber schrieb.

Wie viele der gut 1.600 Serien Höber schrieb – es gab mehr als hundert Autoren –, ist nicht gesichert: offenbar mehr als 350. Der Wirt hat noch die Schreibtafel an seinem Tisch neben der Damentoilette, auf der Höber allabendlich fünf Stunden lang schrieb, bevor er die Kneipe mit dröhnendem Bass unterhielt, auch mit russischen Volksliedern. So hängt sein Foto hinter der Theke. Manch andere Fotos an den Wänden nahe dem Savigny Platz waren nur Folgen von Flohmarkt-Käufen oder Geschenken – neben Gorbatschow ein russischer Kosakenchor. Dagegen hängt dort nicht Georgi Dimitroff, wiewohl der erste Präsident der Volksrepublik Bulgarien – der Kommunist hatte mutig im Reichstagsprozess ausgesagt – drei Jahre in dem Jugendstilhaus wohnte. Die meisten vergilbten Fotos stellen Künstler dar. Eines sticht ab: direkt neben Gorbatschow die letzte Zwiebelsuppe, die hier

WIRTSHAUS WUPPKE

aufgewärmt und vom Geschäftsführer verspiesen wurde, als das Ordnungsamt das in dem Raucherlokal verbot.

Vielfältig sind weiterhin die Gäste am Tresen oder an einem der beiden Tische, an denen sich die Stammgäste zu sammeln pflegen unter alten

Schildern. Ein Bildhauer, eine Floristin, einige Ärzte, ein Koch, ein Juristenstammtisch. „Hier kommt jeder rein", sagen sie, und habe seine Geschichte – zunehmend auch Junge, die im Hinterzimmer zu sitzen pflegen. Etwa eine Studentengruppe, die, althumanistisch gebildet, eher das Gespräch sucht denn auf ihrem Smartphone herumspielt – sie treffen sich auf halbem Weg zwischen ihren Wohnorten Neukölln und Zehlendorf. Die Generationen vermischen sich im Gespräch hier selten – die Jungen erfreuen sich an günstigen Bierpreisen und am Ort, der aus der Zeit gefallen sei.
Der Wirt Gert sowie der Geschäftsführer Alex pflegen die Gesprächskultur, derweil sie eine von vier Sorten vom Fass zapfen, auch Weizen und Alt. Ende

WIRTSHAUS WUPPKE

der Neunziger hatte ein Hamburger Magazin hundert Kneipen in Deutschland getestet und befand das Bier im „Wirtshaus Wuppke" für das beste unter den Berlinern. Stolz sein kann das Wuppke auch auf einen Satz in einem Führer durch Altberliner Kneipen von 1989 – dort heißt es, in den Jahren nach 1945 habe sich für „aufbegehrende akademische Jugendliche" ein Netz von „Muß-Lokalen" gebildet: Der abendliche Pfad lief vom „Wirtshaus Wuppke" bis nach Kreuzberg. Täuschen mag das Wirtshaus im Namen: Die Gäste im Raucherlokal dürfen nicht mehr wie früher Zwiebelsuppe oder Bouletten speisen, wer aber einen Salat für sich mitbringt, wird geduldet. Früher wurde direkt am Fenster neben dem Tresen mit der Mikrowelle „gekocht". So sah es teils muchtig (im Ost-Berliner Sprachraum für ranzig) aus.

Wie lange es das Wirtshaus schon gibt, ist nicht gesichert. Ein Foto aus jenen Jahren, in denen die Bäume auf der Straße kleiner waren, zeigt einen einzigen Volkswagen mit zerteilter Hinterscheibe in der Schlüterstraße und einen Bierkutscher mit Pferdewagen – und an gleicher Stelle ein Wirtshaus. Die Stammgäste interessieren sich offenkundig für den Ort, den sie beständig aufsuchen – und denken auch mal wehmütig an einen Transportunternehmer, der fast täglich kam und im Wuppke starb.

Die meisten sitzen an Tischen in Ecken und Nischen, umgeben von zahlreichen Spiegeln, die den Raum öffnen, und teils auf alten Kirchbänken. In den Sechzigern, als es proppenvoll war, waren diese auf die Theke hin ausgerichtet wie in evangelischen Kirchen hin zur Kanzel – die Biergläser wurden auf die Ablage der Vorderbank gestellt, auf der dereinst Gesangbücher lagen. Auch jetzt füllt sich das Wuppke gut. Gegen Mitternacht verschiebt sich die

WIRTSHAUS WUPPKE

Schar der Trinkenden im Refugium Altberliner Trinkkultur von älter auf jünger. Diese schätzen, dass sie das Echte aus früheren Jahren hier bewahrt sehen. Noch deutlicher drückt das der Bildhauer Kurt aus – dies sei nicht nur ein Ort der Begegnung, sondern vor allem eine Kneipe: Von den meisten anderen im weiteren Umfeld des Savignyplatzes könne man das nicht mehr sagen.

SCHÖNEBERG UND FRIEDENAU

MÖVE IM FELSENKELLER

Ohne Felsenkeller, aber mit v

Einen Keller hat die „Möve im Felsenkeller" zwar – samt eines gekühlten Bereichs mit den Bierfässern und einem mit Devotionalien –, aber keinen Felsenkeller. Der Name stammt von einer frühen Stammbrauerei, dem Dresdner Felsenkeller. Die Möve im Doppelnamen und damit maritimes Interieur kam vor gut zwanzig Jahren dazu vom Vorbetreiber. Er besaß in Schöneberg schon das Restaurant „Storch" und die „Pinguin Bar" und wollte diese Namenstradition fortsetzen. In seinen um die hundert Jahren als Kneipe – ein Straßenfoto wohl aus den Neunzehnzwanzigern belegt das – waren nur vier Wirte Gastgeber, nunmehr zwei Frauen, die beide als Fachfremde aus Buchverlagen dazukamen. Das wiederum passt zum Klientel, viele akademisch gebildete Schöneberger im mittleren Lebensalter, aber auch so manch bekannten Namen aus Kunst, Bühne, Fernsehen. Sie schätzen die Schlauchkneipe – mit zwanzig Metern ist sie vier bis fünfmal so lang wie breit und hoch.

Die Möve – ihre unkonventionelle Schreibweise mit v beruht darauf, dass es schon eine Möwe als Kneipe in Berlin gab – hebt sich nicht nur durch eine angenehm-entspannte Atmosphäre ab, die Gäste und die Ausstattung. Sie verzichtet auch bewusst auf Spielautomaten, auf Raucher und vor allem auf dudelnde Hintergrundmusik. So bietet sie deftige Hausmannskost wie Steckrübeneintopf an – das aber bewusst ohne Karte. Gäste sagen, die Musikfreiheit ziehe sie an. Ebenso wie die Ausgestaltung mit Holzpaneelen an den Wänden und Holztischen, der alte Zeitungsständer, in dem die Zeitungen eingerollt aufbewahrt werden, oder der beengte Raum, wenn es spät abends um den Tresen – fußgerecht mit Leiste zum Hochwippen – auch mal richtig

MÖVE IM FELSENKELLER

voll wird. Das Hinterzimmer ist zwar wie eine Kneipe um 1900 eingerichtet, aber nicht „historisch". Immerhin schrieb Jeffrey Eugenides Teile seines Romans „Middlesex" hier, der ihm den Pulitzer Preis brachte. So gingen Schöneberg und der Felsenkeller ein in die amerikanischen Literatur-Annalen. Vor einer weiteren Preisvergabe erwähnte Eugenides „Geschwoft wird im Felsenkeller, Akazienstraße" – dort zusammen mit manch bekanntem Namen aus Literatur oder Fotografie.

Überall ist Krimskrams wie eine alte Rumflasche in Matrosengestalt neben zwei Porzellan-Mönchen zu sehen. Eine aufklappbare Holzwand verdeckt die Landschaftsinstallation eines Dachses, die der Künstler Stephan Hüsch der Gaststätte schenkte. Auf dem Tresen steht eine Registerkasse aus der Anfangszeit des vorigen Jahrhunderts, hinter ihr an der Wand eine Armaturen-Füllröhre mit Druckanzeiger aus dem Keller für zwei der sechs Fassbier-Sorten, die die Möve anbietet, darunter ausgefallene aus Bayern und Baden; und ein Bierwärmer für magenempfindliche Gäste. Das setzt sich im für Gäste unzugänglichen Keller fort. Dort liegen neben altem Pumpgestänge Flaschen und Zigarrenkisten aus der Zeit kurz nach 1900, als der Inhaber neben der Kneipe einen Wein- und Spirituosenhandel anbot. Wein für den „Außer-Haus-Verkauf" bot Paul Hempel in Dreiliterkrügen an. Alte Weinetiketten aus dem Kellerbestand sind bei Filmemachern als Leihgabe beliebt.
Trotz der Gediegenheit war der Fortbestand zeitweise, 2007, gefährdet. Erst nach Presseberichten und dem Einsatz des Bezirksbürgermeisters verzichtete der Hauseigentümer auf Mieterhöhungen – so wurde das Inventar nicht wie schon geplant nach New York verkauft. Seitdem wurde es bereichert durch norddeutsche Motive (eine der beiden Wirtinnen kommt aus Bremen): ein

Halter für Altonaer Kobold-Schokolade, zudem Schiffe von Reedereien wie der Norddeutsche Lloyd auf Plakaten oder als Modell – und natürlich Möwen, nun mit w. Am Eingang sammelt die Kneipe für die Deutsche Gesellschaft zur Rettung Schiffbrüchiger (mit Sitz in Bremen) – in Bremer Kneipen alltäglich, in Berlin nicht. Ehrwürdig ist die wertvolle historische Eingangstür mit der Aufschrift „Berliner Schloßbräu", die damals das Bier lieferte.

Der Akazienkiez im nördlichen Schöneberg ist eine eher wohlhabende und versteckte Umgebung mit abwechslungsreichen Läden, die aber von Hipsters bisher verschont blieb. Bei Straßenfesten in der Akazienstraße kommen gelegentlich Gäste nach Berlin, die berichten, sie seien dereinst dort Stammgast gewesen, eine gar vor mehr als 50 Jahren. Auch jetzt trifft man soignierte

MÖVE IM FELSENKELLER

Herren am Tresen, die sagen, sie hätten die Möve 1991 kennengelernt und dann zu erzählen wissen. Aber auch eine Gruppe von Westfalen, die jahraus, jahrein Berlin besuchen, nahebei wohnen und dann jeden Abend in der Möve verbringen. Die beiden Wirtinnen Annekatrin Schröter und Claudia an Mey hören Erzählungen genau zu – sie wollen diese Tradition fortführen und beleben. Aber nicht mit dem Regiment des Wirts aus den Sechzigern bis 1991, der mit seiner Schürze und Strenge die Gäste anzog, aber auch erzog. Damals tranken im Felsenkeller mehr Arbeiter und Handwerker aus der Umgebung – die Einrichtung mit dem kargen Mobiliar einer Arbeiterkneipe zog sie an.

DIE KLEINE PHILHARMONIE

Rote Rosen

Von der Decke hängen, dicht gereiht, mehr als 2.000 rote Rosen. Natürlich kommt das Gespräch gleich auf Hildegard Knefs Chanson „Für mich soll's rote Rosen regnen". Der Barmann hört den Dialog, stellt ihr Lied an und setzt die Korblüster und die Petroleum-Schiffslampe an der Decke in Schwingung. Dies sei für ihn, sagt der Doktorand Roman, das Lied Berlins schlechthin, und mit den Deckenrosen samt Musik verkörpere sich in diesem Moment für ihn die Stadt. Hildegard Knef ist in der kleinen Philharmonie überall präsent mit einem Dutzend Fotos und Plakaten – natürlich war sie hier zu Gast, wie so manche anderen Künstler auch.

In diesen Räumen waren zuvor eine Schneiderei und ein Obst- und Gemüseladen. 1953 wurden sie zur Essstube umgebildet, anfangs als Ersatz für die zerstörte Kantine der Musikstudenten gegenüber. Drei große Veränderungen gab es seither in den gut sechzig Jahren der Kneipe. Als die Litauerin Wanda Vrubliauskaite das Lokal übernahm, nannte sie es „Die kleine Philharmonie" – ein sanfter Spott, weil der Bauplan der Großen Philharmonie gegenüber nicht verwirklicht wurde. Wanda wurde bald stadtbekannt – man sagte nur noch „bis später bei Wanda". In jenen Jahren war es ein Stammlokal der SPD, Willy Brandt kam gerne.

Als die temperamentvolle Wanda schwer erkrankte, waren schwule Gäste die einzigen, die sie im Hospital regelmäßig besuchten. Diese Treue vergalt Wanda, indem sie nach ihrer Gesundung in ihrer Philharmonie vor allem Schwule umwarb – Frauen durften fast stets nur in das große Hinterzimmer. Gäste, die sie nicht mochte, wurden vergrault – sie mussten überlange auf ihr Bier warten. In den späten Achtzigern bot Wanda den ersten Selbsthilfegruppen

DIE KLEINE PHILHARMONIE

von HIV-Positiven die Philharmonie als Stammlokal an und förderte mit, bei Gästen gesammelten und von ihr aufgestockten, Spenden einen Treffpunkt für Aidskranke in einem Hospital – das Modell wurde später im Ausland kopiert. Das ZDF drehte seinen ersten Film über die damals unbekannte Krankheit Aids in Wandas Lokal.

Die dritte große Änderung kam kurz nach der Jahrtausendwende. Der neue junge Wirt – unter dessen Nachfolger hat sich 2017 wenig geändert – setzte die Tradition Wandas fort in der plüschigen Dekoration und der heimeligen Atmosphäre. Er erkannte indes, dass die kleine Philharmonie nur mit ihren schwulen Stammgästen nicht werde überleben können und „öffnete" den Gästekreis, nicht nur indem er die Regenbogenflagge abhängte; wiewohl sie zumindest wochenends den Besucherkreis prägen – eher gediegene Ältere, die Schwulenkneipen in der nahen Motzstraße meiden. Einige schwärmen weiterhin von Wanda: Reinhard etwa – seit 45 Jahren Stammgast – sagt, sie habe gut mit Gästen umgehen können, „manchmal zu gut".

Nun kommen regelmäßig Gäste der Berliner Festspiele oder der Berlinale aus dem Festspielhaus wie auch aus der „Bar jeder Vernunft", beide nur wenige Schritte entfernt, nach deren Vorstellungen. Professoren der Universität der Künste nebenan bringen ihre Studenten im Schlepptau – die Universität hat das Durchschnittsalter der Gäste deutlich verjüngt. Hier seien die Menschen frei, sagt eine Frau, die Konzerte organisiert. Manchmal, vor allem zu Vollmondnächten, kommen jene auch mal im Bademantel, die der Bar dann einen anderen Namen geben, „Die kleine Psychiatrie".

An welchen Tagen es gemütlich voll ist oder auch schräg, ist aber wie in anderen gastronomischen Betrieben seit wenigen Jahren schwerer vorhersehbar als früher. Nachts ist sie wochentags meist bis zwei Uhr offen, wochenends ein oder zwei Stunden länger.

DIE KLEINE PHILHARMONIE

Auch wenn manche Studenten ihre Instrumente mitbringen: Musik live – in Konkurrenz zur dezenten Hintergrundmusik, gelegentlich auch vom Schallplattenteller – wird selten gespielt. Außer zu besonderen Gelegenheiten auf dem Klavier oder ganz gelegentlich von den Besuchern der Damentoilette. Die kleine Philharmonie ist gewiss die einzige Bar Berlins und darüber hinaus, die dort eine elektronische Heim-Orgel stehen hat. Früher stand sie in den Barräumen, störte aber. Dabei bietet der Raum um den Tresen herum und der Hinterraum mit Sofas und Sitzecken zusammen mehr als achtzig Plätze, im Sommer zudem viel Platz auf der Schaperstraße. Im hinteren Raum unter Kronleuchtern sitzen nun eher diejenigen, die sich zum ruhigen

DIE KLEINE PHILHARMONIE

Gespräch zurückziehen oder das Weinpublikum. Vorne sind jene, die das Gespräch am Tresen oder den Tischen suchen. In beiden Räumen hängt und steht Plüsch – ein großer Fächer, eine Gitarre, Fotos vor der rötlichen Wand –, der nostalgisches Gefühl weckt und Stil und Detailverliebtheit ausstrahlt. Manches wirkt stilisiert, etwa die großen Belüftungsrohre – sie sind aber von den Bauregeln vorgegeben. Dabei ist vieles erst vor einem Jahrzehnt umgestaltet worden, „um die Ecken zu füllen". Alles hier, scheint es, dient dem Wohlfühl-Faktor.

NARKOSE STÜBCHEN

Erweitertes Wohnzimmer

Markante Namen gibt oder gab es im Berliner Kneipenleben so manche – „Schnapsdrossel", „Schluckspecht", „Abfüllstation", „Trinkteufel", „Kaputter Heinrich". Am Wortgewaltigsten aber ist das „Narkose Stübchen". Erfunden hat den Namen dessen Wirt Dieter Leischner für einen Stammtisch, zu dem er sich mit Freunden traf. Sie schnitzten es auf eine Holztafel. Diese und den Namen – und damit das Versprechen einer alkoholischen Anästhesie – brachte Leischner ein, als er 1988 die Kneipe „Heinz und Ille", die kurz auch „Gozillastube" hieß, übernahm; sie hatte als Bockwurstbude begonnen. Als Kneipe ist sie jedenfalls älter als Leischner, der um die 60 ist – er wurde auf einer Bank gewickelt, die wie anderes Inventar noch jetzt dort verkratzt steht. Seine Mutter hatte in der Gaststätte geputzt, sein Vater getrunken.

So kann „Narkose-Dieter" auch eine der vielen schönen Geschichten bezeugen, in denen die Stammgäste und er gerne schwelgen. Das Stübchen steht wenige Schritte entfernt vom Schöneberger Rathaus, vor dem John F. Kennedy den Satz sprach, den jeder Berliner kennt: „Ich bin ein Berliner." Als es noch das Rathaus West-Berlins war, kam bisweilen Willy Brandt als Regierender Bürgermeister vorbei auf dem Rückweg vom Friseur, schaute sich verstohlen um, ob er beobachtet werde, und trank dann einen Weinbrand oder deren zwei.

Über den Kiez hinaus bekannt ist das Narkose Stübchen durch Juristen. Etwa dreimal im Jahr fallen sie in Horden dort ein – unmittelbar nach dem bestandenen Referendar- oder Assessor-Examen im nahegelegenen Juristischen Prüfungsamt in der Salzburger Straße. Auf der Facebook-Seite des Narkose Stübchen rühmt ein Frischexaminierter, es sei zwar abgewetzt und schaurig,

man sei aber da „zu uns versoffenen Juristen immer nett", obwohl sie da nicht hin passten. Sie würden wie Freunde behandelt, wiewohl sie meist dort zum ersten und letzten Mal seien – Berliner Herzlichkeit habe doch viel mit Herz zu tun und wenig mit Schnauze.

Begonnen hatten diese Tradition vor vielen Jahren offenbar ein Juraprofessor und dessen Abschlussklasse – heute ist es dank Twitter und Facebook ungeschriebene Pflicht für alle Prüflinge. Anfangs kommen sie noch in dunklem Anzug und beschlipst – bald wird dessen l zu einem w und die Anzüge werden beschmeddert. Das Stübchen füllt vor jenen Nachmittagen im Ausnahmezustand, an denen bis zu 120 Gäste herbeiströmen, seinen Bierkeller auf – bis zu zwei Tonnen Bier trinken die neugebackenen Rechtshüter. Dabei wählen diese auch gerne Schnaps – dessen Umsatz trägt mehr als Bier oder der Spielautomat dazu bei, dass das Narkose Stübchen sich keine Überlebenssorgen machen muss. Es lebt indes von seinen Stammgästen, überwiegend, aber nicht nur, Ältere aus der Nachbarschaft. Handwerker sind

NARKOSE STÜBCHEN

dort, Künstler, Angestellte, Museumsmitarbeiter, ein Lehrer mit Latzhose. Eine Dame um die achtzig überredet jeden, dessen Gesicht ihr gefällt, zum Schachspielen. Andere bevorzugen das Knobeln – mit Knobelbechern mit ihrem Namen drauf. Jeder wird rasch eingebunden in Gespräche mit Anspruch, aber auch mit kessen Sprüchen. Wer aber nur Sprüche klopft oder sich aggressiv gibt, bekommt von anderen Gästen sanft, wie es dort üblich ist, zu spüren, dass er in den Kreis nicht wirklich passe, eine Suffkneipe sei dies nicht. Wem danach ist, kann auch mal die Stille suchen – üblich ist das hier aber nicht, schon weil der beengte Raum und das Naturell seiner Gäste zur Kommunikation geradezu drängen. Der wohl älteste Stammgast, Peter, berichtet, dass er seit 1960 in die Gaststätte in der Belziger Straße mit ihren Gründerzeitbauten und Gewerbeansiedlungen in Hinterhöfen komme.

Hier werden die einst überwunden oder verdrängt geglaubten Biertischgeschäfte wiederbelebt. Jeder hilft jedem, nicht nur wenn im Laufe des Abends mehrere Gäste wie selbstverständlich allabendlich die Tische von der Straße in den Hinterraum tragen. Da hilft, dass unter den Stammgästen ein Tischler ist, ein Maler, ein Fahrradmechaniker, eine Schuhverkäuferin, die auch mal Rabatte gibt. So sagen die Stammgäste, dies sei ein Kleinod, eine kleine Welt für sich mit einem ganz eigenen Flair. Jüngere kommen, weil sie genießen, dass dies nicht eine geleckte Bar mit Hipstern sei.

Auf der Straße sitzen bis zum Herbst eher die Jüngeren. Im engen Innenraum auf gut zwanzig Quadratmeter sind an kleinen Nischentischen siebzehn Sitzplätze, fünf weitere am Tresen, die anderen stehen irgendwo dazwischen. Die Tür, die ein Gast schon mal kaufen wollte, hängt vollgepflastert mit Aufklebern von den Malediven, Tansania und Australien bis zum Satz „Ick hab die Schnauze voll". Wer als Fremder kommt und nicht zu sehr wie ein Tourist wirkt, wird sofort eingebunden und in Gespräche verwickelt.

Der Fußboden strahlt das Resopal-Ambiente der frühen Sechziger Jahre aus. An der Wand hängen Plakate, Sprüche, Fotos – mit Trauerschleife auch jenes

NARKOSE STÜBCHEN

einer verstorbenen Kellnerin einer anderen Kneipe. Auch an Barfrauen des Narkose Stübchens erinnern die Gäste, etwa an „Schiefmaul", die auszuteilen wusste. Fußballtabellen der Ersten und Zweiten Bundesliga werden wochenends stets von den Stammgästen fortgeschrieben – die Vereinssymbole und Namen auf Magnetscheiben. In einer Ecke hängt eine Vogelscheuche, die Mitarbeiter eines Blumenladens einst Dieter schenkten. Wenn das Wort vom erweiterten Wohnzimmer Geltung hat, dann hier.

NARKOSE STÜBCHEN

Belziger Straße 73 • 10823 Berlin-Schöneberg

Anfahrt U-Bahnhof Rathaus Schöneberg (U4) • Bus 104, M46, N42 Rathaus Schöneberg

Ausschank Mo.–Sa. 11–23 Uhr

Vom Fass Berliner Kindl Jubiläumspils

Und sonst klein und intim

LEUCHTTURM

Schlüsselanhänger als Wanderpokal

Weder der „Leuchtturm" noch seine Gäste machen jede Mode mit. Aber die Kneipe im Akazienkiez passt sich an: Seit drei, vier Jahren hat sich das Publikum deutlich verjüngt und damit vorübergehend schwierigere Zeiten glanzreich überwunden. Nun ist es auch um Mitternacht so voll, dass viele keinen Sitzplatz finden. Jüngere: das heißt die Altersgruppe zwischen Mitte zwanzig und Enddreißigern, oft aus „kreativen" Berufen. Die ganz Jungen, die Hippen oder auch die Lauten gehen anderswo hin. Wird im Sommer an den Tischen draußen mal jemand zu lautstark, mahnt der Tischgenosse sie freundlich, auf Nachbarn Rücksicht zu nehmen. Das Wort „gut erzogen" fällt für die Beschreibung der Gäste. Einer wurde herangeführt durch seinen Großvater und seinen Vater (beide Taxifahrer), die hier zum seelischen Auftanken waren wie nun der Enkel.

Ein Drucker feiert seinen 32. Geburtstag – er fühlt sich hier seit seinem fünfzehnten Lebensjahr daheim. Die Lehrerin kommt zwei-, dreimal in der Woche her, weil es hier stressfrei sei. Mal sucht sie Ruhe, mal das Gespräch, das leicht zu finden ist. Anders als in den Spätsechzigern, als sich so manche aus den überwiegend maoistischen K-Gruppen trafen, geht es nicht in erster Linie um die Politik. Ein Unternehmer macht sich am Tresen still Notizen, neben ihm liegen eine Wochenzeitung und ein Philosophiebuch – er finde hier Ruhe vor der, wie er sagt, „Massenvergewaltigung durch die digitale Welt". Der britische Gitarrenlehrer trifft sich nach dem Unterricht mit seinem Schüler. Ein Juristenstammtisch mit Krawatten direkt von der Arbeit ist kein Fremdkörper in dieser eher grün-alternativen Szene. Der Runde Tisch, Toleranz, belgische Kneipen ohne Kleidungsüblichkeiten sind dem Gastwirt

Leitlinie. Sieben bis zehn Gäste schauen praktisch jeden Abend vorbei – auch um Kontakt zu halten.

Ein Kunde verkauft an andere selbst gemachte Leberwurst und Ingwerschnaps, ein anderer druckt in dieser kleinen Jobbörse Visitenkarten für seine Gesprächspartner, ein dritter hilft bei Computerproblemen. Überhaupt ist das in jeder Beziehung eine Kiezkneipe – die Betreiber beziehen ihre Waren für die kleine Küche bis Mitternacht auch aus einem Bioladen, oder einer Weinhandlung der Nachbarschaft in Schöneberg nahe der Grenze zu Kreuzberg. Der Leuchtturm sammelt für eine Kindertagesstätte nahebei. Hier wurde das Berliner Stadtmagazin „Tip" gegründet.

Ein älterer Gast sucht und findet seine Partner fürs Schachspielen, auch Jüngere mit verkappten Talenten (etwa Studenten der nahegelegenen Kunsthochschule); Schachbretter und die Schachuhr sind hinter der Theke deponiert. Das erste Mal im Leuchtturm war er in den 68er Jahren, als die Straße wie auch die Kneipe vergammelt waren. Das hat sich grundlegend geändert – der Abschnitt der Crellestraße wurde zur Fußgängerzone und der Leuchtturm mehrfach aufgefrischt, am stärksten 1974. 1990 wurden der Tresen umgebaut und der Ölofen entfernt. Vieles blieb – woher die älteren Bilder

stammen, weiß auch der frühere Wirt nicht, wiewohl an der Geschichte des Lokals interessiert. Leuchtturm heißt es seit mindestens 1974 – wie davor, ist noch nicht geklärt. Eine Kneipe in den Räumen gibt es seit 1896, wie der Bauplan, die Kellertreppe und die Bierklappe belegen. Eine grüne Decke mit vergoldetem Stuck prägt die beiden Räume, ochsenrote Wände, Filmplakate aus den Jahren als Wim Wenders hier gerne war, zudem Heiner Müller stets in Begleitung von zwei Blondinen.

Auch wenn so manche hier anderes zusammenschweißt, etwa eine Seglergruppe oder Skat: Am beliebtesten ist Tischfußball. Der jeweilige Sieger erhält statt eines Wanderpokals einen Schlüsselanhänger in Leuchtturmform.

LEUCHTTURM

So hat er ihn stets dabei, wenn er zum Spielen und auch mal Verlieren kommt. Leuchttürme stehen überall herum, viele Gäste bringen einen mit oder senden Postkarten aus dem Urlaub – einer kommt sogar aus Curaçao. Ein Leuchtturm ist für den Wirt Henning ein großartiges Symbol – ein Licht, das dir den Weg heim zeigt und dich beschützt. Zugleich eine Mahnung innezuhalten und nicht jeden Umweg zu gehen.

Eines der Dinge, die den Leuchtturm auszeichnet, ist seine Organisation. Der Eigentümer, ein jüngerer IT-Kundiger, übernahm ihn 2015, um sein zweites Wohnzimmer zu bewahren, unterstützt von seinem Vorgänger – in die tägliche Arbeit mischt er sich kaum ein. Die gestalten neun langjährige

LEUCHTTURM

Mitarbeiter – zwei Schauspielerinnen, eine Theaterwissenschaftlerin, eine Journalistin, ein serbischer Maschinenbaustudent. Bei deren Auswahl wurde Wert darauf gelegt, dass sie mit den Gästen die gepflegte, gebildete und zugleich loyale Unterhaltung führen können, die hier gängig ist. Jeweils zwei der neun gestalten mit unterschiedlichem Temperament und Stil den Abend, bestimmen auch, welche (dezente) Hintergrundmusik gespielt wird.

LEUCHTTURM
Crellestraße 41 • 10827 Berlin-Schöneberg • Tel. 030 7818519 • www.leuchtturm-kneipe.de

Anfahrt S-Bahnhof Julius-Leber-Brücke (S1) • U-Bahnhof Kleistpark (U7) • Bus 104, 106, 204, N42 Julius-Leber-Brücke • 106, 187, 204, M48, M85, N42 Kleistpark

Ausschank täglich 16/18–3 Uhr (wechselnd)

Vom Fass fünf Sorten

Und sonst Treffpunkt kreativer Jüngerer

STRASSENBAHN

Mahnung gegen Cenosillicaphobie

Am Tage des Berlin Marathons bereitet das Straßenbahn-Kollektiv besonders viele Schmalzbrote vor. Seit vielen Jahren kommen nach dem Ziel Läufer und Sympathisanten, und da sind eben Schmalzstullen besonders gefragt. Früher lag die „Straßenbahn" in Friedenau direkt an der Grenze zu Wilmersdorf, gefühlt mitten im Herzen (West-)Berlins, nun etwas abseits. Voll aber ist es eigentlich immer – nicht nur wegen günstiger Preise und gutem Speiseangebot (das wird es nicht so oft geben: manche Stammgäste mahnen, die Preise seien zu niedrig). Vor allem reizt neben dem nur sanft angepassten Interieur die familiäre Zugewandtheit der (langjährigen) Mitarbeiter. Scherz und Lockerheit gibt es nicht nur gegenüber Gästen, sondern auch untereinander: Diese Atmosphäre des Frohsinns schwappt über. So berichtet ein Rechtsanwalt – fast jeder grüßt ihn im Vorbeigehen –, er komme fast jeden Abend, um hier ein, zwei Stunden von der Arbeit abzuschalten, die Zeitung zu lesen und zu plaudern: Erstmals kam Olli als Student, also Anfang der Achtziger. Ein Leben und Leben-lassen, einen fantasievoll-spielerischen Umgang miteinander habe er hier immer gespürt.

Die Sitzanordnung ermutigt das Gespräch: an kleinen Tischen vor der lang gezogenen Theke oder an großen Tischen, zumal der Anteil von Kieznachbarn und Stammgästen ungewöhnlich hoch ist. Wenn an einem Zehner-Tisch vier, fünf Gruppen nebeneinandersitzen, beginnt fast unweigerlich ein Gespräch mit den Sitznachbarn. Sie schauen fast alle in Richtung auf den Tresen, der der Straßenbahn den Namen gab: Eine Seite einer alten gelben Straßenbahn. Der einstige Wirt kaufte den letzten Waggon der Linie 3, der vom Bahnhof Zoo nach Spandau fuhr, für 500 DM. Durch die Fenster wird

das Bier – immerhin acht Sorten vom Fass, auch ungewöhnliche –, bestellt oder gereicht. Oder einst Speisen und Getränke, deren Namen auch mal Gäste erfanden – sie wurden in die Speisekarte übernommen: der Pennerwein, die Fladen Volleyball oder die Lehrerin (eine Mischung von Bier und

Apfelsaft). Das Führerhäuschen mit hölzernem Lenkrad ist nun eine Nische mit kleinem Tisch, wenn alle anderen voll sind und der Biergarten nicht wie im Sommer offen ist.

Neben Marathonisten, Schach- und Skatspielern kommen besonders gerne nicht mehr ganz junge Verbürgerlichte her – Sportreporter, Tischler, Rechtspfleger –, die in ihren jungen Jahren zu den widerständigen Friedlichen zählten. Linksorientierte West-Berliner teilten sich in den Siebzigern auf in Hausbesetzer und Friedensbewegte. In der Straßenbahn traf sich der sanftere Teil, die Friedensbewegten. Dennoch stand die Bar auf der schwarzen Liste der britischen und amerikanischen Soldaten: Sie durften nicht kommen, weil in der Kneipe gesammelt wurde, auch für Nicaragua oder den Gaza-Streifen, und „Frieden schaffen ohne Waffen" ihr Motto war. Zu den Gepflogenheiten seit jeher zählt, dass Trinkgelder und Spenden der Gäste an Hilfsprojekte gehen, mal internationale wie Schulen in Nepal, mal die Berliner Kältehilfe – die Bahnhofsmission erhält regelmäßig Schlafsäcke geschenkt.

STRASSENBAHN

Der jeweilige Spendenstand steht an einer Kreidetafel am Tresen. Auch das Team des Kollektivs spürt viel Zugewandtheit der Gäste, die selbst gebackenes Weihnachtsgebäck mitbringen. Eine Besucherin bedankt sich, dass ihr Sohn in seinen letzten Lebensmonaten sich in der Straßenbahn daheim fühlen konnte.

Das ist nur eines der Elemente der wohl einmaligen Struktur: Dies sei das älteste Kollektiv Berlins, beanspruchen die sechs „Kollektivisten". Sie hatten unlängst erstmals einen Generationswechsel, nachdem einige Gründer in den Ruhestand gingen. Um der Rechtsform zu genügen, sind sie eingetragen als GmbH mit jeweils mindestens fünf Eigentümern – deren Geschäftsführer ist Rainer. Er sieht auch praktische Vorteile in der Form. So reicht es, wenn er drei-, viermal in der Woche am Tresen steht; wenn er im Urlaub ist, braucht er nicht besorgt an die Arbeit zu denken. Stammgäste wissen, dass er nur im Dienst ist, wenn er ein kariertes Hemd trägt. Vor allem aber geht es ihm und den anderen um die Ursprünge der kollektiven Idee in der alternativen

Ökonomie – Konsens, gegenseitige Hilfe, gemeinsame Ökonomie, gleicher Lohn für alle. Alle vierzehn Tage besprechen sie den täglichen Ablauf, einmal jährlich die Grundausrichtung. Wenn Rainer mal nicht ausschenkt oder plant, beizt er die Tische im lang gestreckten Raum oder im Raucherraum nebenan, wo der Fernseher steht – meist verdeckt.

STRASSENBAHN

Das Kollektiv haben sie im Mai 1977 gegründet – die Vierzigjahrfeier im Mai 2017 wurde schon lange vorbereitet. Denn man feiert hier gerne, sichtbar an einer Postkarte, die sie verkaufen: mit Mahnung gegen die Cenosillicaphobie, der Angst vor leeren Biergläsern. Auch schon früher: Seit mindestens 1930 gab es hier direkt neben dem S-Bahn-Ring eine Eckkneipe, wie eine alte Postkarte belegt, mit Plüschdecken, Kellnern in Uniform und einem Grammofon. In den Jahren vor der Umbenennung zur Straßenbahn, ab etwa 1963, war das „Anno Dunnemals" zeitweise eine Diskothek mit Discjockey und jungem Publikum. Ein wenig Anno Dunnemals hat die aus der Zeit gefallene Straßenbahn noch immer.

KREUZBERG UND NEUKÖLLN

STADTKLAUSE

Zentral
und versteckt

Drei Gründe gibt es, die die „Stadtklause" so beliebt machen. Zunächst wie so oft die Lage: ungewöhnlich günstig an einer Seitenstraße nahe dem Potsdamer Platz, wiewohl zu finden nur für Kundige. So treffen sich Freunde, die einen zentralen, gut erreichbaren und zugleich angenehmen Ort zum Treff suchen auf halbem Weg zwischen West und Ost, Nord und Süd. Nahebei sind einige Hotels für die jüngere Generation – seit deren Eröffnung vor einigen Jahren füllte sich die Klause beständig. Zudem kommen manche Gäste der Philharmonie oder der Programmkinos nach den Vorstellungen am Kulturforum – ein klassischer Ort fürs Nachspiel. Sowie Mitarbeiter, nicht nur Journalisten, des Tagesspiegels seit deren Umzug in das Nachbargebäude und von Zeit-Online oder von Anwaltskanzleien um die Ecke, so manche als Stammgäste. Jung – Hotelgäste, die internationales Flair bringen, oder Studenten aus der nahegelegenen Hochschule für Gestaltung – und Alt treffen sich hier unverkrampft.

Dann ist dies weit und breit die einzige Schenke im Umfeld des Potsdamer Platzes, die sich in ihren Preisen und in Architektur, Stil und Umgangsformen abhebt von hochpreisigen und überzüchteten Angeboten. Sie bietet solide Hausmannskost, Schnitzel oder Buletten und Bratkartoffeln oder auch belegte Schnittchen aus dank eines Steinofens hausgemachtem Brot und Bier aus Privatbrauereien. Jeden Mittag wechseln Berliner Spezialitäten; zudem am Mittwoch ein Altberliner Rezept. So manche Berliner, anders als Touristen, zieht es weg von der „Wiederaufbauarchitektur", der „Siegerarchitektur" um das Sony-Center herum, wie ein österreichischer Stammgast das bezeichnet. So ist für manche die Stadtklause ein Zufluchtsort, der mit seinem

Kachelofen angenehm-gemütlich ist statt spießig oder klinisch rein, mit seiner Anmutung, seit hundert Jahren und mehr unverändert zu sein. Wie die Straßennamen: Sie erhielten 1843 ihre Namen nach den anhaltischen Zielbahnhöfen des Betreibers – Köthen, Dessau und Bernburg. Einmal wurde die beharrliche Gelassenheit des Ortes gestört durch einen Anschlag offenbar von Linksautonomen, die manche Fotos und Holzgestühle verwüsteten. Schließlich die kumpelhafte-vertraute Atmosphäre ohne Floskeln, die der Kellner und der Geschäftsführer verbreiten. Sie schaffen es, Touristen freundlich zu behandeln und dennoch den Stammgästen ein Wohlgefühl zu geben. Die verwinkelten Räume wurden vor etwa einem Jahrzehnt neu

STADTKLAUSE

gestaltet im alten Stil, die das Gefühl geben, es habe immer so ausgeschaut wie nach dem Bau 1845: auch die Kutscherstuben im Obergeschoss auf schmaler Stiege für die Raucher. Wer hier hochsteigt, muss unweigerlich seinen Kopf einziehen. Früher hatten hier jene gewohnt, die auch die ersten Stammgäste der Klause waren – Droschkenkutscher und Gepäckträger. Noch heute weist die Stadtklause stolz auf frühere Eigentümer und Bewohner der Bernburger Straße 35: zu Beginn ein Posamentierer (ein Hersteller von Bändern und Kordeln), ein Kaufmann, ein Calculator, eine Hauptmann-Witwe und ein Tischler – also von Beginn an sozial durchmischt. Später kamen dann ein Reisebüro, eine Masseuse, eine Bügelanstalt, ein Fremdenheim. Irgendwie wirkt alles holzig. Das reicht bis zu den Sitzbänken im Vorderraum, den Holzsitzen in alten S-Bahnzügen nachgebildet. Trotz dieser Umgestaltung habe sich die Stadtklause in den zwanzig Jahren, in denen er hier Stammgast sei, kaum verändert, berichtet ein Rechtsanwalt. Dessen junger Kollege ergänzt, bei seinem ersten Besuch, bei dem er offenbar nervös wirkte, habe der Kellner ihm zwei Schnäpse gebracht und gesagt „Entspannen Sie sich". Bisweilen belebt wird die Stadtklause, die während der Woche gefragter ist als wochenends, von Besuchen eines weiblichen Kirchenchors nach dessen Proben schräg gegenüber oder von Männersingern, die zum Glück eher im Keller zu hören sind, da aber mit dem gleichen Lied unverzagt immer wieder. Dann mag der Geschäftsführer Ismet Rekaliu den Takt schlagen auf dem Vordach aus Wellblech, das abends goldgelb leuchtet und so zusammen mit dem Butzenfenster die (dort seltenen) Spaziergänger mit der heimeligen Atmosphäre zum Verweilen einlädt.

STADTKLAUSE

Da half, dass die beiden Untergeschosse des Ziegelgebäudes eine der wenigen am Anhalter Bahnhof sind, die von Weltkriegsbomben verschont blieben. Das belegen Luftfotos im Parterre und im Kellergewölbe mit dessen original preußischen Kappendecken (Berliner Gewölbe). Dort wird die Geschichte des Bahnhofs und der Philharmonie umfangreich dokumentiert mit Erklärplakaten, Bauzeichnungen, Fotos und erhaltenen Steinen. Die Stadtklause bekennt sich zu ihrem Kiez und pflegt es. Es scheint, als könne hier jederzeit ein Droschkenkutscher Pause einlegen wie dereinst. Die bildnerische und künstlerische Gestaltung der „Bahnhofskneipe" richtet sich nach den Leitmotiven Gehen, Kommen, Abschiedsschmerz. Der Askanische Platz wenige Schritte entfernt war einst ein wirtschaftliches und geistiges Zentrum weit über Berlin hinaus – hier wohnten Theodor Mommsen und Adolph von Menzel, hier war der Gründungsbau, die Urzelle von Siemens & Halske.

In diese Pflege des Erbes in liebevollen Kleinigkeiten zählen Fotos und Geschichten zu Bruno S. Der 2010 verstorbene Bruno Schleinstein war

Stammgast und hatte in den Sechzigern und frühen Siebzigern stets freitags mit seinem Akkordeon in der Klause gespielt. Er wurde für den Film entdeckt – in Werner Herzogs Filmen „Jeder für sich und Gott gegen alle" als Kaspar Hauser sowie in „Stroszek" erlangte er einige Berühmtheit. Sein Mentor Werner Herzog nannte Schleinstein den „unbekannten Soldaten des Kinos".

In jenen früheren Zeiten war die Stadtklause am Anhalter Bahnhof noch eine Bahnhofskneipe nach alter Manier – angeblich wild. In den Gründerjahren noch davor hieß sie Askania-Klause – die Fürsten von Anhalt hatten als dynastischen Namen Askanier. Deren Familien-Wappen, den Bären, übernahmen die Berliner für sich.

STADTKLAUSE
Bernburger Straße 35 • 10963 Berlin-Kreuzberg • Tel. 030 51056381 • www.stadtklause.de

Anfahrt S-Bahnhof Anhalter Bahnhof (S1, S2, S25) • U-Bahnhof Potsdamer Platz (U2) • Bus M29, M49 Anhalter Bahnhof

Ausschank täglich 16–24 Uhr

Vom Fass Burgherren-Pils aus der Rhön • Klosterbräu Marienstein

Und sonst Fluchtpunkt nahe dem Potsdamer Platz

ZUM FROSCH

Hier ist alles

Wie viel Frösche, meist giftgrün, in den Regalen und auf dem Tresen stehen, weiß auch die Wirtin Moni (Monika Lätzer) nicht – in den dreizehn Jahren, seitdem sie die Gaststätte übernahm, dürfte ihre Zahl von 200 auf gut 2.000 gestiegen sein, meist als Mitbringsel von Gästen. Dabei gibt es in der deutschen Natur nur 21 Amphibienarten – zudem neben Fröschen auch Molche, Unken, Salamander. Einer auf der Kasse ist mit einem 3D-Drucker hergestellt, man lebt hier also nicht nur in der Tradition. Ein anderer ist keck – ein Körperteil zwischen den Schenkeln ist ausgeprägt überdimensioniert, ein dritter diente als Handytasche. In einem Fotobuch der um die 40 Stammgäste erhielt jeder einen Namen – der Zockerfrosch, der Groschengrabfrosch, der Paparazzifrosch, der Rockerfrosch. Ein kleiner froschiger Wandbehang verdeckt eine Tafel, hier werde SPD gewählt – abgehängt wird er nur, wenn der Vorstand des SPD-Kreisvereins Friedrichshain-Kreuzberg sich hier regelmäßig zum Ausklang seiner Sitzungen trifft – nicht nur, weil der Frosch fast direkt gegenüber dem Willy-Brandt-Haus liegt, sondern auch, weil sie glauben, dies sei eine der wenigen noch echten, authentischen Kneipen im Kiez, sie sei „ganz normal".

Eine Gaststätte gab es in diesen Räumen schon Ende des 19. Jahrhunderts – nach dem Bau von Offizierswohnungen für zwei Garde-Dragoner-Regimente entstand hier 1879 ein Offizierskasino. Vor gut 35 Jahren wurde die Kneipe nach ihrer Besitzerin „Bei Marlene" benannt. Ihr Nachfolger, ein ebenso kecker Wirt, wollte ihn umbenennen in „Fickfrosch" – da machte aber der Bierlieferant nicht mit. So wurde daraus „Zum fröhlichen Frosch", und mit der Übernahme durch Moni verkürzt „Zum Frosch".

ZUM FROSCH

In dieser Ecke gibt es nicht eine Kneipendichte wie im südlichen Teil von Kreuzberg oder am nahen Potsdamer Platz. Das, und die Prägung der Gäste durch Nachbarn aus der unmittelbaren Umgebung, beruht auf der geografischen Randlage. Bis 1990 lag die untere Stresemannstraße nahe am Todesstreifen, gleichsam in einem toten Winkel des Westens. Während die nördliche Friedrichstadt ab dem Checkpoint Charly seitdem aufgeputzt wurde, ist die südliche Friedrichstadt weiterhin von Sozialwohnungen aus den Sechzigern, verstärkt aus den späten Achtzigern, geprägt – auch wenn es neben der SPD-Zentrale weitere Glanzbauten gibt wie das Hebbel-Theater sowie die Bundesministerien für Umwelt und für wirtschaftliche Zusammenarbeit.

ZUM FROSCH

Da sich hier einst NS-Regierungsbauten bündelten, war diese Ecke verstärktes Ziel von Luftangriffen im Zweiten Weltkrieg und so besonders zerstört gewesen.

Das Publikum des Frosches am Halleschen Tor ist nunmehr stärker als früher durchmischt. Neben den Nachbarbesuchern, Mitgliedern von Sportvereinen und Mitarbeitern der SPD-Zentrale, kommen Gäste nach Vorstellungen des Hebbel-Theaters – so füllt sich der Frosch oft spät – oder Studenten, die dort wohnen. Dart- und Billardspieler (auch des Dartclubs „Kreuzberger Frösche") finden im dritten Raum ihre Gerätschaften und stellen auf Regalen ihre Siegerpokale ab. Über dem Billardtisch thront eine Jugendstillampe.

Was für die Gäste das Besondere am Frosch sei neben der locker-umgänglichen Art der beiden Damen am Tresen (der Ehemann der Wirtin kommt als Gast seit 32 Jahren regelmäßig, mischt sich aber nicht ein)? Die plüschige und eingestaubte Einrichtung im Wohnzimmer hinter dem Thekenbereich erinnert an die Stube ihrer Großeltern, ein uriges Erlebnis, das in der Zeit stehen blieb, oder an ein Kino oder ein Puppentheater. Auch wenn der flüchtige Besucher hier einen Trödelladen sehen mag – alles passt stimmig zueinander, ist mit Liebe und Detailversessenheit gebildet. Hier wird so manches verdeckt, alte technische Geräte etwa hinter einem Paravent aus Bast. Vor ihm liegen Plüschbären im Korb, wohl für den Hund des Hauses, einen Dackel. Dagegen leben die „Vögel" im Vogelgitter nicht. Einem Filmemacher fallen die warmen Lichtquellen auf – dunkle Ecken gebe es nicht.

Kern sind natürlich die Stammgäste wie „Mütze" oder „Zille". Jeder hat seinen eigenen Aschenbecher mit seinem Namen aufgeschrieben – ein

Geschenk der Wirtin bei einer Weihnachtsfeier. Sie sind in einem der zahllosen Setzregale, die Gewürzregalen oder Apothekenregalen nachgebildet wurden. Meist stehen in diesen natürlich die Frösche, aber auch anderer Plunder von Weinkorken bis zu Enten und Schweinchen in allen Formen,

ZUM FROSCH

Farben, Materialien – aber meist Plastik oder Keramik. „Mütze" sagt, hier habe jeder seine Macke, und das werde geduldet. Wer Ruhe sucht, findet sie ebenso wie das Gespräch, um Sorgen abzulassen oder leicht gewährte Hilfe zu erbitten, auch bei handwerklichen Fragen – der eine besitzt halt ein Auto oder eine Handsäge, der andere nicht. Stress gebe es hier nicht, das habe er in mehreren Jahrzehnten nur zwei-, dreimal erlebt, und dann sei das leicht gelöst worden. Wer hier komme, wolle Aufgeregtheiten von der Arbeit oder daheim nicht fortsetzen, und das gelinge. Ein Stammgast seit zwanzig Jahren sagt, sie sei hier die Psychologin – „hier ist alles".

ZUM FROSCH
Stresemannstraße 15 • 10963 Berlin-Kreuzberg • Tel. 030 25922989
Anfahrt U-Bahnhof Hallesches Tor (U1, U3, U6) • Bus N1, N6 Mehringbrücke • M41 Willy-Brandt-Haus • 248, N42 Hallesches Tor
Ausschank Mo.– Sa. 12–24 Uhr • So. 15–22 Uhr oder länger
Vom Fass Schultheiss • Berliner Pilsner
Und sonst Dartscheiben und Billardtisch

YORCKSCHLÖSSCHEN

Guardian of the Groove

Der „lange Tisch" ist mit dem Boden fest verschraubt, die Theke verstärkt, weil des Öfteren Gäste auf ihnen tanzen. Denn das „Yorckschlösschen" ist eine Jazzkneipe, und nicht irgendeine, sondern mit einem Ruf im ganzen Lande. Im Yorckschlösschen hat jeder Tisch einen eigenen Namen: „Tisch am hässlichen Bild", der „Säulenbernd" (der Stammgast Bernd saß dort nahezu jeden Abend), die „Südkurve" (für Fans nahe dem Tresen). Am „Tisch der Erkenntnis" im Raucherbereich unter einem Zelt draußen sitzt selten jemand. Dort steht auch der „Tisch des Grauens" für die bisher fünf Ehrengäste des Clubs – ein Grauen für die Kellner, weil die altverdienten Freunde des Jazz und des Schlösschens ihr Bier austranken, sobald sie es erhielten, und Nachschub forderten.

Olaf Dähmlow legt Wert darauf, dass dies nicht ein Jazzclub sei oder ein Restaurant – auch wenn es beides ist –, sondern eine Kneipe. Auch so hebt es sich ab von anderen Jazztreffpunkten Berlins. Es dürfte in Berlin kaum einen anderen Wirt geben, der länger Inhaber seiner Kneipe ist. Nicht nur die 37 Jahre, in denen Dähmlow in dem prachtvollen Eckhaus arbeitet, zunächst als Putzkraft, dann als Kellner, Pächter, Inhaber, sind rekordverdächtig, sondern auch die 130 Jahre, die das Yorckschlösschen Gastronomie anbietet. Zunächst war es Kantine des Dragonerregiments am Mehringdamm. In den Häusern an der Ecke von Yorckstraße und Großbeerenstraße lebten vorwiegend Offiziere. Dann war es Restaurant und Wiener Caféhaus, stets unter dem gleichen Namen und lange tags und nachts geöffnet. Im Sommer hat das Yorckschlösschen viel Platz dank der 150 Sitze im Biergarten. Im Winter bietet die Taverne mit mitteleuropäischer Küche nur 40 Sitze im Raum, in

YORCKSCHLÖSSCHEN

dem Tresen, Bühne und Beleuchtung stehen, und 50 im hinteren Teil. Seinen Namen hat das Eckhaus, weil es vor der Bombardierung im Zweiten Weltkrieg mit Türmen bewehrt war.

Dähmlow als Freund des Jazz bot Konzerte an, um Gäste anzuziehen – erst zwei je Woche, mittlerweile fünf. Aus dem bürgerlichen Esslokal wurde ein Künstlertreff; die Berliner Musikerszene gibt sich hier ein Stelldichein. Dabei konzentriert sich der Wirt auf „Musik mit schwarzen Wurzeln und bunten Blüten", etwa Blues und Swing, nicht aber Free Jazz und selten Dixieland. Jazz ist für ihn eine Lebensart, die er im Yorckschlösschen widergespiegelt sehen will – Toleranz im Umgang von Menschen. Musiker fragten nicht nach Herkunft oder Religion, sondern nach der Tonart. So störte sich niemand daran, als ein Gast sich mal einige Minuten lang flach auf den Boden legte (um seinen Freunden zu beweisen, dass dies ein Ort der Freiheit sei). Als Vorbild schweben Dähmlow zwei unprätentiöse „Schwesterkneipen" vor, ein Bistro in New Orleans (das er fast jährlich mit einem größeren Schwung von Stammgästen besucht, ebenso wie zur Karnevalszeit Köln) und eine Bar am Hamburger Fischmarkt.  So sieht das auch der Beleuchtungstechniker Oliver, der schon vor 30 Jahren als Dreizehnjähriger hier seine Brause trank. Wenn sich alles andere verändere und er keinen Bock mehr hat auf Experimente, kommt er hierher. Hier könne man seine Jugend wiederfinden.

Dem Wirt ist wichtig, Einrichtung und Atmosphäre der Kreuzberger Institution nur behutsam zu verändern, etwa als er die marode Theke erneuerte. Ergänzungen kommen oft zufällig, durch Ideen oder Mitbringsel der Stammgäste. So sind die Wände voll gepflastert mit Jazzplakaten und mit Fotos der Musiker, die hier spielten. Viele Bilder des Musikers Gerhard Tenzer hängen hier, auch das Schild über dem Tresen. An die Außenwände malte Tenzer Musikerporträts. Zu manchen Neuerungen werden Fantasiegeschichten

erfunden, die sich verselbstständigen – etwa zum bei einem Brand angekokelten Banjo, das nun in einem Glaskasten gezeigt wird mit einem Hammer, mit dem man das Glas zerschlagen könnte, wenn man sich daran übersehen hat. Die Krone über dem Tresen wurde dem Wirt zu dessen fünfzigstem Geburtstag als „König Olaf von Kreuzberg" geschenkt. Das ist Dähmlow ebenso peinlich wie der Gedanke, der Name der Bronzestatue „Guardian of the Groove" an einer Säule könne sich auf ihn beziehen. Einige Blechstreifen auf dem Holzboden werden als „Dance floor" verkauft – dabei sollen sie nur Splitter im Boden verdecken. Getanzt wird nun gelegentlich zum Swing – in den Sechzigern, aber allabendlich im „Ball der Hoffnungslosen". Vieles ist hier in Rot gehalten, auch die ochsenrote Decke mit einem Kristalllüster – die

YORCKSCHLÖSSCHEN

Farbe des Blutes und damit des Lebens. So kommen immer wieder Filmemacher, die hier drehen.

Künstler treffen sich am ersten Advent zur Kunstversteigerung im Schlösschen, deren Erlös ihnen zugutekommt; oder – das ist schon Wochen vorher ausverkauft – am Weihnachtsabend als Ort für heimatlose Seelen, die da weder in die Kirche oder zur Familie noch daheim vor dem Fernseher sitzen wollen. Bunt und lustig will das Yorckschlösschen sein, ein Ort der Unterhaltung und des Spaßes, an dem nicht alles stimmen muss. So auch nicht – oder doch? – der Satz, das Yorckschlösschen lege Wert auf „artgerechte Gasthaltung". Erfunden haben diesen Spruch die Gäste am Tisch des Grauens.

YORCKSCHLÖSSCHEN
Yorckstraße 15 • 10965 Berlin-Kreuzberg • Tel. 030 2158070 • www.yorckschloesschen.de
Anfahrt U-Bahnhof Mehringdamm (U6, U7) • Bus M19, 140
Ausschank 17–3 Uhr • So. ab 10 Uhr
Vom Fass sieben Sorten • darunter Hefe-Weißbier • Kölsch sowie Kreuzberger Tag/Nacht/Zwickel
Und sonst An fünf Abenden der Woche live Jazz

BEI SCHLAWINCHEN

Überdreht im Wildwuchs

Einmal im Jahr kommt eine Gruppe von Fürthern nach Kreuzberg: Wann immer Greuther Fürth gegen FC Union Berlin in der Zweiten Bundesliga auswärts spielt, kommen die sieben Getreuen zum Spiel, auch um anschließend einige Stunden im „Schlawinchen" zu feiern. Neben dem wunderlich-wunderbaren Deko-Gerümpel in jeder Ecke geben die Gäste dem Schlawinchen ein besonderes Gepräge. Das macht sie zu einer der „gefragtesten" Kneipen Berlins, zumal sie praktisch rund um die Uhr geöffnet und meist dicht gedrängt ist. Sie wirkt, als habe es sie immer gegeben – dabei wurde sie „erst" im Juni 1979 eingeweiht mit Musik und einer Palme. Schon die Einweihungsfeier wirkte so überdreht wie viele ihrer Gäste. Sie seien hier alle abgedreht, sagt ein Stammgast, früher aber auch brotlos – das habe sich nun geändert. Und sie stehen meist ein wenig wacklig oder halten sich am Tresen fest.

Für die Eigentümerin Sabine spiegelt der Name eine Geisteshaltung wieder. Ein Schlawiner ist ein schwer zuordenbarer und pfiffiger Schlingel – aber auch ein unberechenbares Schlitzohr. Schlawinchen war der Kosename, den Sabines Mann ihr gab, sie hatte etwas drauf; diesen bevorzugte sie vor dem von der anfänglichen Hausbrauerei vorgeschlagenen „Zu Sabine", gediegene Langeweile oder Behäbigkeit sollte es nicht geben. Die Assoziation mit leicht verrucht passt, auch wenn das Lokal nach einigen Zwischenphasen vom Studentischen bis zu Hochproll seine Gäste – eher mitteljung, feierfreudig, alles zwischen hochtätowiert und gesetzten britischen Touristen – gut im Griff hat. Nicht zuletzt dank eines Türstehers, der bei aller Toleranz für Ordnung sorgt. Gerade weil es so voll und eng ist, muss alles rasch und

BEI SCHLAWINCHEN

effektiv gehen – so gibt es auch nur ein (für beide Seiten preisgünstiges) Bier vom Fass aus der Oberpfalz. Die ehemalige Küche ist nun ein Lagerraum. Platz für ein Tischfußballgerät (früher waren es zwei) gibt es aber im hinteren Raum – gelegentlich hüpft der Ball weit über den Spielfeldrand hinaus. Auch der Spielautomat ist abgebaut – da er statt Herzen oder Zahlen vorbeirauschende Vögel hatte, sagten Stammgäste auf dem Weg zum Automaten gerne „Wir gehen mal vögeln", und alle freuten sich.

Ähnlich vielgestaltig und angenehm-bizarr wie das Publikum ist die Gestaltung der Kneipe an der Grenze von Kreuzberg nach Neukölln. Deckenbilder in Braunton-Moll ragen heraus – leider sind sie kaum in Ruhe und aus der Nähe zu betrachten. Sie stammen vom verstorbenen Comiczeichner Dietrich Plehwina, der zum Malen herkam, wenn er durstig und seine Börse leer war. Die meisten haben irgendeinen oft nicht leicht zu findenden Bezug zum Schlawinchen oder zu Berlin – Motive wie Leda und der Schwan. Spuren zur Kunst gibt es allerorten – hier wurden Spielfilme oder Billigserien

BEI SCHLAWINCHEN

fürs Privatfernsehen gedreht, und anfangs kamen Künstler aus dem Iran und dem Irak. Einmal standen Fernsehsender vor der Tür, als ein angetrunkener Stammgast als „Kunstaktion" im Berliner Wachsfigurenkabinett der Hitler-Gestalt, die direkt neben Marlene Dietrich stand, den wächsernen Kopf abschlug – und sich anschließend nach einer Stippvisite bei der Polizei ebenso trunken wie zuvor im Schlawinchen feiern ließ.

Auch wenn vieles im Raum wie Wildwuchs wirkt: das ist durchdachter Murks. Etwa die Tische im Hinterraum, die mit festen Nägeln mit dem Bodenholz verbunden sind und so dieses schützen. Einen Teil der Ausstattung brachte Sabine aus Spanien mit – so das Gitter auf dem Ofen –, anderes erwarb sie in der Pfalz oder in einem Trödelladen in der Bergmannstraße oder erhielt es als Mitbringsel. Ein großer Elefant war zuvor Ausstellungsstück in einem Kaufhaus. Geschnitzte Holzstatuen im Fenster stammen nicht, wie man denken mag, aus Westafrika, sondern aus dem Grunewald. Gleich mehrere Musikinstrumente hängen von den hohen Decken herum – ein Banjo, eine

BEI SCHLAWINCHEN

Trommel, ein Kontrabass, aber auch zwei alte Grammofone mit dem Trichter, angemessen verstaubt. Bretter hinter dem Tresen waren einst Bettseitengestelle aus einer Wohnungssanierung. Selbst ein hängendes Motorrad: Manche mögen das als „Messi" empfinden, andere als aufwendig stilisiert. Alte Stammgäste, die bisweilen nach vielen Jahren aber gar nicht so selten wiederkommen, freuen sich, dass alles so geblieben ist – dabei wurde manches aber behutsam ergänzt.

BEI SCHLAWINCHEN
Schönleinstraße 34 • 10967 Berlin-Kreuzberg • Tel. 030 6932015

Anfahrt U-Bahnhof Schönleinstraße (U8) • Bus N8 Schönleinstraße

Ausschank täglich 6–5 Uhr

Vom Fass Burgensteiner

Und Sonst ein Ort zum Absacken, wenn anderes schließt

MADONNA

Engel und Herr Lehmann

Seit gut 30 Jahren ist die „Madonna" daheim im ansonsten gottfernen Kreuzberg. Der neue Besitzer der Kneipe „Zartbitter" brachte 1984 eine Madonna-Statue aus seinem Urlaub in Italien mit und beschloss, seine Bar nach ihr umzubenennen. Seitdem bringen immer wieder Gäste Madonnen als Mitbringsel. Sie stehen nun auf der Theke, in Fensternischen, auf dem Türrahmen. Ins Fernsehen und in die Zeitungen brachte es Madonna aber erst in den späten Neunzigern, als ein Klassenkamerad des Miteigners „Kalle" Kirmse das Deckengemälde anmalte. Die meisten, aber nicht alle, fanden die spöttischen Motive, nachgebildet dem Deckengemälde in der Sixtinischen Kapelle, passend für Kreuzberg. Aufmerksamkeit fand der Künstler „Morty" (Volker Parkroth) etwa mit seiner aufgeplusterten Hitler-Gestalt in der Hölle, dem ein Teufel mit Blasrohr in den Hintern blies.

Ein Motiv wurde zum Logo der Bar: ein gehörnter und beschweifter Teufel, der ein strampelndes und lockiges Engelchen im Schwitzkasten trägt und ihm aus einem Krug Alkohol einflößt. Dabei wirkt der Teufel genüßlich mit einem Zug zum Sadistischen und überschlägt entspannt seine Beine. Wahrscheinlich gießt er Bier ein – die Kneipe bietet teils ungewöhnliche Biere aus sieben Zapfhähnen vom Fass an, von irischen Marken bis zum Weißbier. Dabei ist Madonna inzwischen bekannt auch durch eine breite Kollektion von Whiskey (mehr als 250 Marken) und Rum (da immerhin mehr als 130 Sorten). So findet die Bar seit Jahren Eingang in Whiskey-Magazine und Reiseführer als eine der besten Whiskey-Kneipen des Landes. Jeden Sonntagabend werden fünf Marken vorgestellt, was auch junges Publikum anzieht.

MADONNA

Neben Madonnen und Whiskey gibt es noch einen dritten Anlass zum regionalen Ruhm. Sven Regener hat seinen Roman „Berlin Blues" um Herrn Lehmann und SO 36 in Kreuzberg spielen lassen. Die Bar, in der Lehmann an der Theke Bier zapfte, war die Madonna – nicht so benannt, aber klar erkennbar. Leander Hausmanns Verfilmung „Herr Lehmann" machte Madonna und ihr Deckenfresco überregional bekannt. Filmverbindungen gab es schon früher: Zur Gründungszeit der frühen Achtziger waren Wim Wenders und Nina Hagen Gäste. In der Madonna, einer Institution im Kreuzberger Nachtleben, treffen sich noch heute jene Menschen aus dem linksalternativen Milieu im alten Postbezirk SO 36 Kreuzberg, die Regener beschreibt – Lethargie war für Herrn Lehmann Motto seines Lebens. Ein Kosmos von Lebensphilosophen, Künstlern und Biertrinkern, die sich gegen Störungen ihrer lieb gewordenen Enklave wehren. Bis 1990 war SO 36 auf drei Seiten von der Mauer eingegrenzt

und dadurch ein wenig abgeschnitten, außer für jene, die dies als gallisches Dorf suchten, fanden und pflegten. In der Filmbeschreibung zu Herrn Lehmann heißt es „Berlin Kreuzberg SO 36 ist ein kleiner Kosmos in einer riesigen Galaxie, schon das angrenzende Kreuzberg 61 ist befremdendes Ausland". Übertroffen wird die Bar als Treffpunkt der anarchisch-sanften Szene indes noch durch den „Trinkteufel" in der Naunynstraße, in der sich Altpunker, Antifaschisten, Hausbesetzer und Rocker finden und gegen jeden Fotografen oder Touristen wehren, oder vom „Schlawinchen" in der nahen Schönleinstraße.

MADONNA

Madonna dagegen lebt neben seiner seit Jahrzehnten treuen und dennoch generationsübergreifenden Stammkundschaft auch von Laufpublikum und Touristen und jenen, die Whiskey genießen. Oder älteren Damen und Herren, die nachmittags zum Tratsch und Tee kommen oder auch zum Schach. Sie mögen an jene Jahre denken, als der Treffpunkt noch „Café Madonna" hieß. Wer unter sich sein will, etwa zu einer Geburtstagsfeier, zieht in die lang gezogene Kapelle mit zwanzig Sitzplätzen, die zwar vom Hauptraum abgeht, aber ebenfalls die religiöse Note widerspiegelt. Und natürlich von jenen, die die monatliche Tanzparty schätzen, bei der Tische (der eine wackelt, der

andere, geschenkt von einem Nachbarladen, ist bedeckt mit Spiegeln) beiseite geräumt werden. Da legt Kalle die Musik auf von Billy Idol bis Depeche Mode. Ansonsten wechselt sie nach dem Geschmack des jeweils Zuständigen am Tresen – sie zeigen Herzblut im Umgang mit den Gästen. Jedenfalls ist die Musik eine Kreuzberger Mischung aus Punk, Rock und Hardcore. Unterbrochen gelegentlich durch Straßenmusiker, etwa einem graubärtigen Polen mit weißer Gitarre und sanfter Musik, der anschließend im Hut sammelt und dann sein Bier vom Wirt erhält.

Dieser legt Wert darauf, dass die Atmosphäre samt vergilbter Einrichtung mit Pinten-Charme wenig verändert wird. Selbst das Foto von Heinz Rühmann nicht, das manch Altlinke irritiert – und von dem selbst Kalle nicht weiß, wieso es einen Ehrenplatz hat. Als man die Kühlungsanlage für Biere und Theke erneuerte, wurden massive Fliesen im Eingangsbereich freigelegt, wohl aus den frühen Fünfzigern – offenbar war, so ein alter Lageplan, in den Räumen früher eine Polizeistation. Zum Glück wissen die meisten der

Kreuzberger Stammgäste vermutlich nicht, dass ihr Klassenfeind vor ihnen die Räume beherbergte. Oder dass drei Häuser entfernt die Berliner NSDAP 1925 nach ihrem Verbot wieder begründet wurde. In jenen Jahren wohnten an der Wiener Straße mehrheitlich KPD-Anhänger, dann Hausbesetzer in Wohnungen, die wegen eines einst geplanten Autobahnbaus verfielen, und von den Sechzigern an Türken. Da klingt der Straßenname Wiener Straße gediegener und madonnenhafter – vom nahen Görlitzer Bahnhof aus gingen die ersten Züge nach Wien ab.

ZUM GOLDENEN HAHN

Fast ein Weltkulturerbe

Früher haben sie Häuser besetzt, heute Tisch 1 – natürlich nahe beim Eingang im „Goldenen Hahn". Mit diesem Satz weist ein Kreuzberger Festival auf einen Schankraum der besonderen Art. Hier sind, heißt es, die Trinker vorm und hinterm Tresen auch Dichter und Anarchisten. Ein rasch vergriffenes „Schwarzbuch Kreuzberg" zur „Literatur Raststätte Zum Goldenen Hahn" erschien als letzte Publikation im Verlag eines anarchistischen Verleger-Ehepaars. Die Kapitelüberschriften, die Fotos und Zeichnungen sagen so manches über die Kneipe wie auch über die Menschen, die herkommen – Letzte Reisen von Tresenhelden; Hahnenexpeditionen – Kleine Fluchten mit ungewissem Ausgang; Gepflegte und geflutete Atmosphäre; Frühabendlicher Plausch zweier Trunkenbolde. Zudem erschien ein Buch mit Anekdoten aus dem Goldenen Hahn in gleich vier Auflagen.

Der Gastwirt Klaus erzählt am liebsten über jene Jahre, in denen sie Häuser besetzten und deren türkische Mieter zu Zwangsgenossen wurden. Indes: Während sich am früheren Abend alte Stammgäste treffen, verjüngt sich der Kreis später um Studenten, die aus entfernten Stadtteilen anreisen, oder um Touristen, die vom „Weltkulturerbe" hören. Zwei Autoren des Schwarzbuches hatten bei der Unesco beantragt, die 1896 gegründete Gaststätte (seit 1957 mit dem heutigen Namen) zum Kulturerbe der Menschheit zu erklären. Sie wollten die in ihrer Art einzigartige Gaststätte schützen und „immerwährend erhalten" wissen und wiesen auf die „epochal bedeutsame Ausstattung" wie ein Hirschschädelfragment an der Wand, ein Ofenrohr und einen ausgestopften Uhu. Das zog Fernsehteams an, ausgestrahlt haben sie aber nicht – die Stammgäste vergraulten sie. Eine „Außenwerbung" will

ZUM GOLDENEN HAHN

hier niemand, dann käme ja womöglich ein Fremder in die Trutzburg. Auf die Antwort der Unesco warten die Antragsteller noch. Immerhin steht zumindest das Haus mit seinem alten Mauerwerk unter Denkmalschutz.

So manche Literaturpreisträger lesen vor der Mischung aus Punkveteranen, Galeristen, Flüchtlingshelfern und Handwerkern. Sonntags spielt spätnachmittags die Hausband „The Golden Cocks", ein Punkmandolinenorchester oder das Oberkreuzberger Nasenflötenorchester. Monatlich wechseln die Bilder an der Wand – mal politisch, mal erotisch, mal durchgeknallt, stets aber anzüglich und provokant. Meist aber geht es um Begegnungen, Bier und Rauchen. Auch wenn „Fremde" nicht wirklich geliebt werden, kommen sie leicht ins Gespräch. Hier treffen sich Menschen, die sich nicht anpassen wollen an das „neue Kreuzberg", das durchsanierte Berlin, und die bisweilen ernüchtert politisch und sozial den Boden verlieren mögen. Für sie ist das „Zum Goldenen Hahn"

am Heinrichplatz – nicht zu verwechseln mit einem nahegelegenen italienischen Nobelrestaurant mit fast gleichem Namen – eine Oase und ein Treffpunkt mit Kultcharakter. So hatte auch der „Drecksack", eine neue „Lesbare Zeitschrift für Literatur", wie selbstverständlich dort ihre Premiere. Auch die Menschen hinter zwei anderen Literaturzeitschriften kommen regelmäßig her – ihre Namen „Querkopf" und „Gegner" passen her. Wie die parteipolitische Ausrichtung um den Heinrichplatz herum ist, zeigt der Wahlausgang 2013 – wohl einmalig in Berlin und vielleicht auch anderswo: Die Linkspartei lag hier mit 28,8 Prozent höher als die sonst in Kreuzberg starken Grünen (27,4 Prozent) – die Union wäre mit 4,1 Prozent an der Fünfprozenthürde gescheitert.

ZUM GOLDENEN HAHN

Hier kommen Graffitikünstler her – die ihre Kunst differenziert begründen und sich von Hauswand-Beschmierern abheben – und sprühen ihre Sprüche und ihr Erkennungszeichen aus vier Buchstaben auf jede freie Ecke des kleinen Raumes. Die Durchsetzung von Recht und Ordnung ist nicht erstes Anliegen der Kneipe. An den Namen erinnert ein Graffiti „el gallo loco", der irre Hahn, in einer Ecke der Bühne. In und auf den Flaschen-Regalen stehen so manche Keramik-Hähne, aber nicht in Überfülle.

Wie auch so manche Schultheiss-Eckkneipen hat der Goldene Hahn eine spezielle Ästhetik und wird wie andere Nischen in Kreuzberg – aber hier verdichtet – zu einem Schmelzpunkt vieler Welten mit einer bewegten

Geschichte; wozu gehört, dass er zeitweise geschlossen war. Über die Wirtin vor dem jetzigen, Inge übernahm das von ihren Eltern, spricht man noch heute – sie war eine starke Persönlichkeit. Sie zog Existenzen in ihr Reich, die auch tagsüber „keinen Platz im Leben und in der Welt fanden". Zwei

ZUM GOLDENEN HAHN

Jahrzehnte lang führte sie den Goldenen Hahn als – Nachtsteuer-befreite – Tagesbar. Und sie hatte jeden im Griff, ob Punker oder die Spieler an den nun entfernten Spieltischen, die mit den Lampen früher einen Hauch von Tristesse ausstrahlten. Jetzt ist der Goldene Hahn, wiewohl auf kleinem Raum, offener und trotz aller bewussten Versifftheit lichter.

STAMMTISCH

Auf der Walz

Wann die Gruppe einige Mal im Jahr kommt, die seit Jahrzehnten dem „Stammtisch" in Neukölln ein besonderes Gepräge gibt, weiß auch das Wirtsehepaar nicht. Dann kommen Wandergesellen auf der Walz – Schreiner etwa oder Steinmetze – in ihrer traditionellen Kluft und feiern die Aufnahme von Neulingen in ihre Zunft. Das eigentliche, natürlich geheime Ritual findet in einem Nebenraum statt, der ansonsten nur benutzt wird, wenn die Eckkneipe mit etwa 50 Sitzplätzen gut gefüllt ist, etwa bei Geburtstagsfeiern von jungen Gästen. Zweimal war das auch bei Großfeiern, zu denen über das Internet aufgerufen wurde, – das erste Mal ging das gut, beim zweiten Mal kam es zu manchen Zerstörungen und Diebstählen.

Dabei sind die Wirtin Roswitha (Rosi) Rotter und ihr Mann Norbert, die den Stammtisch zusammen und abwechselnd betreiben, froh über das junge Publikum, Studenten aus der Umgebung, froh nicht nur, weil sie die ältere Generation ersetzt: Die Jungen seien pflegeleichter und fast stets angenehm, zudem belebten sie das Gespräch. So haben sich die Öffnungszeiten verlagert – früher öffnete der Stammtisch um zehn Uhr morgens, dann um zwölf, weil viele zum Frühschoppen kamen und sonntags zum gemeinsamen Frühstück, heute erst nachmittags. Nun kommen viele erst kurz vor Mitternacht. Das Gespräch suchen dort auch Norbert, Rosi und ihre Schwester (sie lernte ihren Mann im Stammtisch kennen), die beständig dort ist. Als Norbert seine Arbeit als Fernfahrer und Rosi als Verkäuferin beendeten, übernahmen sie vor fünfzehn Jahren den „Stammtisch". Das macht ihnen so viel Spaß, dass sie gelegentlich selbst montags, wenn das Lokal eigentlich geschlossen ist, öffnen – zu Hause sei es ihnen zu langweilig. Sie strahlen Frohsinn

aus – Ärger, so der Wirt, habe es trotz ein, zwei Einbrüchen, die nicht ersetzbare Butzenscheiben zerstörten, nie gegeben.

Was ihnen daheim nicht mehr reinpasst, bringen sie in die gute Stube. So steht und hängt hier eine Überfülle von Krimskrams – Marionettenpuppen, Bilder (auch erotische), Fotos von ihren Hunden, Zeichnungen, die der Vater der Wirtin (ein Kunstmaler) wie auch ihre Tochter malten. Neben einer Buddhastatue steht eine Kerze in Engelsgestalt, versteckt ein altes Telefon. Eine halbe Schaufensterpuppe (Halbpuppe) steht dort. Früher hatten die Wirtin zwei von ihnen auf Barhocker setzen wollen samt einem Bierglas, um Vorbeieilenden den Eindruck zu vermitteln, es sei voll. Ein Streifen mit

STAMMTISCH

Weihnachtsdekoration steht ganzjährig da. Das Eigene zeigt sich auch in einer für Gäste unzugänglichen Stube: Dort ist ein Königspython (Ballpython) in einem Terrarium. Rosi liebt die ungiftige Würgeschlange Agathe – den Namen gab sie, bevor ein Fachmann bemerkte, dass er eigentlich Agatho heißen müsse. Die große Fahne der Berliner Eisbären prangt dort, weil Norbert Fan der Eishockeytruppe ist – Berlin ist trotz Hertha eher nicht eine Fußballstadt, sondern schätzt Randsportarten wie Eishockey. In einem Fenster wirbt der Stammtisch mit einem Schild „Green Smoothies to go" (Drinks aus Pflanzengrün, Früchten und Wasser), in einem anderen hängen alte Kleider an einem Ständer. Die Wirtin verkauft alten Krempel, weil sie ungern wegschmeißt und Gäste ihr manches dafür vorbeibringen.

Früher war an nahezu jeder Ecke in Neukölln eine Eckkneipe, manchmal deren gleich vier. Der Stammtisch blieb als eine der wenigen übrig. Wie lange sie mit dem gleichen Namen dort Treffpunkt ist, weiß auch die Hauseigentümerin nicht zu sagen, jedenfalls berichtete ihre Großmutter schon davon. Gesichert ist, dass sie direkt nach dem Krieg Nachbarn als Wärmestube galt. Bei aller Beständigkeit: Neben der Verjüngung der Gäste zählt dazu, dass seit 2015 im hinteren Teil eine kleine Bühne samt Vorhang und Beleuchtung steht und ein Klavier, das sich nicht mehr stimmen lässt. Dem Regisseur eines Künstlerkollektivs gefiel der Stammtisch auf Anhieb als über Jahre gewachsenes Kleinod. So sammelten die Schauspieler und Tänzer mit crowdfunding im Internet die 1.250 Euro für die Bühne und Beleuchtung. Die Idee dazu hatte die Künstlergruppe „Dollytakesatrip", die die Kneipe wieder für alle Generationen attraktiv machen und so auch retten wollte. Etwa

einmal im Monat kommt so Kleinkunst auf die Bühne. Trotz bezahlbarer Miete konnten die Rotters von den Einnahmen nicht mehr leben, weil immer mehr alte Stammgäste „wegbrachen" und ein Sparverein, der dort über drei Jahrzehnte regelmäßig kam. Die Zeiten, da man an den Tresen in drei

STAMMTISCH

Reihen stand, sind vorbei. Jetzt kommt statt derer neben den Jungen auch „Laufkundschaft" aus der Partymeile Weserstraße. Wenn sie Ruhe suchen, gehen sie in die Hinterstube zum Chillen – dort stehen Bücher. Auch den Stammgästen will der „Stammtisch" weiterhin den Eindruck der Vertrautheit geben – so gibt es Biergläser in jeder Form. Die Wirte wissen, was jeder von ihnen bevorzugt – einen Henkeltopf, einen Steinkrug, ein Kugelglas, einen Willibecher.

STAMMTISCH
Weserstraße 159/Finowstraße 15 • 12045 Berlin-Neukölln • Tel. 030 68081675

Anfahrt U-Bahnhof Rathaus Neukölln (U7) • Bus 104, 166, M41, N 94 Erkstraße, N7 Rathaus Neukölln

Ausschank täglich außer Mo. ab 16 Uhr • Ende offen

Vom Fass Engelhardt • Rollberg

Und sonst Erholung von der hip-Stimmung der Weserstraße

HEIDELBERGER KRUG

Ohne Automatengeklimpere

Wer sich im „Heidelberger Krug" trifft und in der Nähe der Theke sitzt, kennt meist die Geschichte des Kiezes am Chamissoplatz und an der Bergmannstraße und damit auch die der Hausbesetzungen in den Achtzigern. Immer wieder kommen jene Zeit der Sanierungen und Mieterhöhungen und die Gentrifizierung zur Sprache. Dabei wirkt der Heidelberger Krug zumindest seit dem Wirtswechsel an zwei Frauen gediegen und gutbürgerlich, auch mit Frohsinn. Wer Ruhe sucht, Zeitungen lesen oder Schach spielen will, findet hier eher einen Hort denn in den meisten anderen alten Berliner Kneipen. Hier kommen Datenschutzsachverständige her oder der Leiter eines „weltlich und himmlischen" Chores, der indes, missgünstigen Nachbarn sei dank, dort nicht mehr wie früher üben darf. Früher nannten die Gäste es eine Idylle – auch im Umgang mit den Nachbarn. Nun stehen Gäste nicht mehr wie vormals an Wochentagen in Dreierreihen am Tresen der Raucherkneipe.

Einst galt dies nicht nur wegen seines Klaviers als Künstlertreff. Der Kunst gibt die Gastgeberin Meike Gieschen weiterhin Raum, sie vertreibt Karten für Konzerte im Kiez oder stellt Fotos (zeitweise auch eigene) oder Zeichnungen aus, spielt auch mal Saxofon. Sie wie auch das Mobiliar strahlen Ruhe und Gelassenheit aus – ihre Arbeit, sie hört vieles, sieht sie nicht zuletzt als Sozialarbeit. Dazu gehört, dass sie verschwiegen ist. Bevor sie den Krug übernahm, half sie dreizehn Jahre lang beim Ausschank aus, kennt also alles und jeden. Wenn aber Gerüchte im Kiez die Runde machen, kam das ziemlich sicher von einem der Stammgäste am runden Stehtisch oder aus der Sitzecke mit Eckbank und Holzvertäfelung.

HEIDELBERGER KRUG

Laute Musik oder Automatengeklimpere gibt es nicht (mehr). Auch nicht spät am Abend – dank der langen Öffnungszeiten kommen so manche, die es erst nachmitternächtlich zum Bier oder Gespräch drängt. Ebenso gelassen geben sich jene (viele), die zum Doppelkopf kommen oder zum Würfelspiel Kniffel. Dereinst feierten jugendliche Gäste bis zum Sonnenaufgang auf dem Bürgersteig oder zogen sich zu zweit zurück ins Grün des Chamissoplatzes, wochenends trieb es sie eher in Diskotheken. Und noch davor, in den 1930ern, gab es hier Bockbierfeste, Tanz im hinteren Raum, einen Billardtisch und einen Lautsprecher, über den damals nur wenige Kneipen verfügten. Auch die hohe Zahl von Hochzeiten, die hier früher gefeiert wurden, nahm ab.

Außer den schlichten Holztischen, Bänken und Dielen und der teils wohl bewusst abbröckelnden ungeputzten Wand erinnert wenig an die gut hundertjährige Geschichte des Heidelberger Krugs. Über die Frühgeschichte – schon im neunzehnten Jahrhundert wurde hier getrunken – ist wenig bekannt. Der Name soll von der ersten Wirtsfamilie Heidelberger stammen. In

HEIDELBERGER KRUG

der Umgebung, eine der schönsten Platzanlagen des alten Berlin mit Kopfsteinpflaster und klassizistischen Fassaden, lebten Offiziere, die gerne auch im Krug tanzten. Nahe Straßenzüge galten als Rotlichtviertel. Im Hinterhof mit einstigen Stallungen wurden dereinst Pferde der Postkutschen umgespannt – sichtbar an Eisenstegen im Toreingang. Ein Foto von 1930 zeigt noch zehn feste Mitarbeiter vor dem Krug, heute sind es zwei. Noch einige Jahre davor parkte im Hinterhof bei den Pferdeställen das erste Automobil am Platz, es gehörte dem Wirt.

In den Dreißigern sollen SA-Anhänger im Vorderraum, die Roten im Hinterzimmer getrunken haben. Die bewegte Geschichte, die weiterhin bewegt, beginnt erst in den Mit-Siebzigern, als dort wie im Kiez mit enorm hoher Wohndichte viel und gerne getrunken, gefeiert, gekämpft wurde. In jenen Jahren vermittelte der Krug den Nachbarn den Ort zum Austausch und die Gewissheit, dass sie nicht alleine sind. Damals, bis etwa 2001, wurde an fast jedem Abend hitzig gestritten – dies sei, heißt es noch heute, eine „politische Arbeiterkneipe" gewesen. Fronten liefen zwischen Anhängern der SPD und

HEIDELBERGER KRUG

der SEW – im Krug, wo sich beide daheim fühlten, kamen sie miteinander aus. Als der damalige Bürgermeister Heinrich Lummer, der als Innensenator härter als seine Vorgänger gegen Hausbesetzer vorging, sich mit ihnen zum Gespräch traf, geschah das (unter Polizeischutz) im Heidelberger Krug.

„Wir haben es nicht geschafft", sagt resigniert ein Stammgast. Damals wurden aus vielen Mietwohnungen Eigentumswohnungen, die sich die Bewohner aus dem Arbeiter- und Mittelstand nicht mehr leisten konnten. Stattdessen kamen junge Familien mit Kindern – nicht wenige der Stammgäste mussten fortziehen oder starben. So wandelte sich auch der Heidelberger Krug – viele kommen nun eher des guten Weines denn des Fassbiers wegen.

Der Blick des Fotografen:
WO 'NE DESTILLE IS, IS OOCH EEN WEG!

So hoffnungsfroh, wie die Berliner Mundart auch ist, so ernst ist die Lage. Ist das Bierglas nun halb voll oder halb leer?

Die Melancholie schwingt bei jedem Eintreten in einen Trinktempel mit. Die Zukunft der Eckkneipe ist ungewiss. Das ist leider kein Geheimnis. Mit einem lachenden und einem weinenden Auge habe ich, vor allem zum Ende des Projektes hin, diese Stätten einer damals ausgeprägten Trinkkultur fotografiert. Ohnehin mit dem machtlosen Gefühl, einem kulturgeschichtlichen Dinosaurier beim Sterben zuzusehen. Unvorstellbar die Situation, dass vor nicht einmal knapp 50 Jahren sich an einer Kreuzung bis zu vier Kneipen anfanden. Und jene so gut gefüllt waren, dass die Gäste in Dreierreihen an der Theke standen.

In einigen Kneipen steht explizit auf Schildern „Fotografieren verboten". Zu Recht, da manche Momente verborgen bleiben sollten. In dieser doch heimeligen Welt, welche für einige auch Wohnzimmerersatz darstellen. Nicht ohne Grund ist die Kneipe ein Raum für Müßiggang, ein Hort der Kommunikation. Entstehen doch Gespräche – bewusst soziale Grenzen ignorierend – in den ungewöhnlichsten Konstellationen. Da redet ein Rechtsanwalt mit einem Punk. Alles ist möglich in diesem Kosmos.

Nach 30 expliziten Kneipenporträts, sowohl im Osten als auch im Westen, und Dutzenden Abenden in unzähligen Kneipen zu Recherchezwecken kann ich sagen, dass Kneipen definitiv ein irdischer Ort mit einem fast verschwundenen utopischen Gemeinschaftsgefühl sind. Nur etwas verschreckte mich. Leider schneidet die politische Schere immer noch Fetzen ins vermoderte Gewand: der innerdeutsche Ost-West-Konflikt. Eigentlich, so sollte man meinen, in einer weltoffenen Stadt undenkbar und überholt, fliegen einem des Öfteren Worte oder Sätze um die Ohren wie „Ossiland" oder „bei mir hört Berlin oberhalb der Kantstraße auf". Vielleicht sind Bücher wie dieses Rettungsanker mit Horizonterweiterungscharakter und verschaffen Lust, die Stadt neu zu erleben.

Doch nun etwas zur fotografischen Arbeit. Ein feines Händchen zwischen ansprechenden Inneneinrichtungsmotiven und verzaubernden Stimmungsszenarien ist gefordert. Dies nicht schon Problem genug, rumort im Hintergrund etwas Mächtigeres. Einerseits verschafft es einer Kneipe mehr Gäste, aber anderseits geht durch den Besucherstrom etwas verloren: Authentizität. Jenes mysteriöse Wort, warum Heerscharen von Menschen aus aller Welt nach Berlin strömen. Und plötzlich ist es weggentrifiziert. Wie geht man einfühlsam mit dieser Aufgabe um? Eine praktikable Antwort könnte grob so skizziert werden: Man betritt ganz entspannt den Raum und saugt die Atmosphäre ein. Unweigerlich nur am Abend, denn tagsüber kommt die urromantische Stimmung nicht voll zur Geltung. Sich noch nicht zu erkennen gebend, wird erst mal ein Bier bestellt. Nach dem dritten Hopfen-Gerste-Saft und etlichen Beratungsgesprächen mit seinem schreibenden Kollegen folgt ein Urteil: die Kneipe ist porträtwürdig. Nun wird die Kamera zusammengebaut. Neugierige, aber auch schon abwehrgeschärfte Blicke begleiten diesen Prozess. Idealerweise mit einem lichtstarken Standardzoomobjektiv ausgerüstet beginnt die Arbeit. Arbeitsrechtliche Vorsorgemaßnahmen gegen Dehydrierung werden durch kleine Bierpausen streng eingehalten.

WO 'NE DESTILLE IS, IS OOCH EEN WEG!

Gestärkt sucht man den Raum nach geeigneten Perspektiven ab und erfragt die eine oder andere Fotoerlaubnis beim Gast. Im Zuge des Abends weicht die anfängliche Defensive auf und wird schon fast zur Resignation bei manchem Gast. Da immer noch vor Ort – der Fotograf es anscheinend ernst zu nehmen scheint – immer noch kein Foto vom einstmals Widerständigen. So vergehen die Abendstunden. An der Lösung der Quadratur des Kreises mit

WO 'NE DESTILLE IS, IS OOCH EEN WEG!

wahnsinnig langen Belichtungszeiten, offenen Blenden, hohen Lichtempfindlichkeiten und Bewegungsunschärfevermeidung wird ständig getüftelt. Am nächsten Morgen dann die bange Sichtung der Fotografien. So leichtfüßig dieses Unterfangen anmuten mag, so schwierig ist es. Erst recht mit all den vorher beschriebenen Parametern im Hinterkopf.

Ich drücke den Kneipen die Daumen, ein Mittel gegen das massenweise Dahinraffen zu finden. Gefühlt habe ich damit schon jetzt Archivarbeit geleistet. Ein paar werden es sicherlich schaffen. „Een" Weg wäre vielleicht, sich durch ein geschicktes Umgehen mit dem Heute auf eine neue Ebene des Unternehmertums zu hangeln. Aufgeregt werde ich es aktiv als Kneipengast erleben.

Henning Kreitel

Der Vorgänger:
Kneipen nördlich der Spree

160 S. · Br. · Farbabb. · ISBN 978-3-95462-525-3

Auf der Suche nach 'nem Pils in alten Berliner Kiezkneipen

Alle suchen ihre Bühne: die Extrovertierten, die Schüchternen, die Einsamen, die außerordentlich Mitteilungsbedürftigen und die üblichen Flitzpiepen und Klugscheißer. Sie finden sie in mehr als hundert Jahren geballter Berliner Gastlichkeit, die Tradition, Institution, Kult oder Wohnzimmer ist. Im Idealfall ist sie alles auf einmal: die gute alte Berliner Bierkneipe. Oft schon totgesagt und zunehmend wegsaniert, hält manche ihre Tür noch immer offen für das pralle, unverfälschte Leben. In einige besonders typische führt dieser liebevoll fotografierte Kneipenbummel.

Zu den vorgestellten Kneipen gehören in Berlin-Mitte „Gittis Bierbar", „Hackethals Gaststätte" und die „Restauration Sophien 11", in Tiergarten die „Tiergartenquelle", in Moabit die „Arminiushalle", in Friedrichshain das „Eisbein Eck" und die „Budike", in Prenzlauer Berg die „Gaststätte Willy Bresch", das „Metzer Eck", das „Vereinsheim Bauernstube" und die „Bornholmer Hütte", im Wedding der „Bierbrunnen an der Plumpe", die „Destille Brüsseler Tor", das „Gambrinus" und „Zum Magendoktor".

ROBERT VON LUCIUS geb. 1949 in Berlin. 1987 bis 2001 Afrikakorrespondent der F. A. Z. und danach bis 2006 Auslandskorrespondent für Nordeuropa und die baltischen Länder; bis 2014 Landeskorrespondent der F. A. Z. für Niedersachsen, Bremen und Sachsen-Anhalt; seitdem lebt er wieder „voll" in seiner Geburtsstadt. In seinen Korrespondentenjahren fand er spannende Themen oft in Kneipengesprächen und in Jazzclubs. Er veröffentlichte im Mitteldeutschen Verlag Streifzüge durch Südafrika, die baltischen Länder, Sachsen-Anhalt, Niedersachsen und Bremen.

HENNING KREITEL lebt und arbeitet in Berlin. Er studierte Fotografie an der Kunstakademie Stuttgart. Seine Abschlussarbeit widmete er den Berliner Kleingartenanlagen. Es folgten zahlreiche Veröffentlichungen und Ausstellungen im europäischen Raum. Er ist berufenes Mitglied in die Deutsche Gesellschaft für Photographie und zudem Mitglied im Bund Freischaffender Fotodesigner. 2015 publizierte er im Mitteldeutschen Verlag zusammen mit Hanne Walter (Text) „Uff'n Bier. Alte Berliner Kneipen in Mitte, Tiergarten, Moabit, Friedrichshain, Prenzlauer Berg und Wedding" – www.henningkreitel.com

2017
© mdv Mitteldeutscher Verlag GmbH, Halle (Saale)
www.mitteldeutscherverlag.de

Alle Rechte vorbehalten

Gesamtherstellung: Mitteldeutscher Verlag, Halle (Saale)

ISBN 978-3-95462-882-7

Printed in the EU